Inhalt

2 In der Schule 
6 Bist du fit?

8 Im Herbst 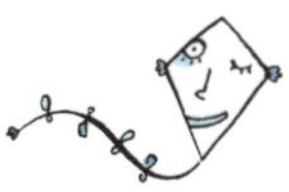
13 Meine Wünsche und Träume 
18 Bist du fit?

20 Miteinander leben 
25 Im Winter 
30 Bist du fit?

32 Von Tieren und Menschen
36 Kreuz und quer durch unser Land 
40 Bist du fit?

42 Seltsames und Interessantes 
46 Im Frühling 
50 Bist du fit?

52 Unsere Welt 
56 Mit Medien leben 
60 Bist du fit?

62 Für Krimiliebhaber und Gruselfans
66 Im Sommer 
70 Bist du fit?

In der Schule

Ein Logo für die Schule

1 Entscheide dich für ein Logo! Kreuze es an!

2 Sammle verschiedene Argumente für deine Wahl des Logos!

Mir gefällt es, weil

3 Entwirf ein Logo für deine Schule! Begründe deinen Entwurf!

★ Warum haben viele Schulen ein Logo? Finde es heraus!

Präsens und Präteritum

1 Markiere alle Verben im Text!

Nach den Ferien gab es eine große Überraschung.
Fleißige Handwerker renovierten die Schule.
Am ersten Schultag staunten die Schüler über viele neue Dinge.
Die Klassenzimmer sind jetzt hell und freundlich.
Neue Möbel schmücken die Aula.
Auf dem Schulhof steht ein großes Klettergerüst aus Holz.
Einige Eltern unterstützten die Arbeiten. Auch viele Lehrer halfen tüchtig mit.
Heute, am ersten Schultag nach den Ferien, erhalten die Schüler
eine interessante Aufgabe.
Gestaltet ein Logo für die neue, schöne Schule.

2 Ordne die Verben der richtigen Zeitform zu!

Präteritum:	**Präsens:**

Abc **3** Bilde zu allen Verbformen aus Aufgabe 2 die Grundform!
Schau im Wörterbuch nach und schreibe eine weitere gebeugte Verbform (Personalform) dazu!

geben – er gibt,

★ Wähle ein Verb aus dem Text aus! Schreibe alle Formen des Präteritums auf! Markiere den Wortstamm!

Perfekt

1 Vervollständige den Lückentext!
Setze die Verbformen im Perfekt richtig ein!

Nach der Renovierung der Schule ______________

alle ein Logo ______________. Jeder Schüler

______________ auf die Suche ______________

und ______________ Ideen ______________.

Selinas Vorschlag ______________ ______________.

„Warum ______________ du ein Märchenbuch

______________?“, fragt Felix.

„Ich ______________ alle Kinder ______________.

Viele mögen die Märchen der Brüder Grimm.“

In unseren Lesebüchern ______________ einige ______________.

haben oder **sein**
suchen
gehen
sammeln
gewinnen
wählen
fragen
aufschreiben

2 Bilde die jeweils richtige gebeugte Form der Verben!

Grundform: wünschen — **Präsens:** du ______________
Präteritum: du ______________ — **Perfekt:** du ______________

Grundform: essen — **Präsens:** ihr ______________
Präteritum: ihr ______________ — **Perfekt:** ihr ______________

Grundform: riechen — **Präsens:** er ______________
Präteritum: er ______________ — **Perfekt:** er ______________

Grundform: wählen — **Präsens:** wir ______________
Präteritum: wir ______________ — **Perfekt:** wir ______________

Grundform: sammeln — **Präsens:** ich ______________
Präteritum: ich ______________ — **Perfekt:** ich ______________

★ Schreibe den Satz im Präteritum und Perfekt auf!

Die Schüler der Klasse 4 a drucken das neue Schullogo.

SF S. 9

Wörter mit ch und sch

1 Suche das Gegenteil der Adjektive im Wörterbuch!
Ordne anschließend die Adjektive mit **sch** nach dem Alphabet!

leicht –	______	☐	gerade –	______	☐
weiß –	______	☐	langsam –	______	☐
sauber –	______	☐	mild –	______	1.
hässlich –	______	☐	stark –	______	☐

2 Bilde Substantive. In jedem Substantiv muss ein **ch** oder **sch** stecken!
Schreibe diese mit dem Artikel auf!

______
______
______
______
______
______

3 Welches der Substantive aus Aufgabe 2 gibt es nur in der Mehrzahl?

______

4 Suche die Wörter im Wörterbuch und schreibe ab!

ein Tier, welches seine Farbe ändert	______	S.___
viele Menschen, die gemeinsam singen	______	S.___
ein Brettspiel mit Dame und König	______	S.___
sich im Internet unterhalten	______	S.___
ein weißes Pferd	______	S.___
ein anderes Wort für Direktor	______	S.___
wenn es wehtut, hat man	______	S.___
die Tochter meiner Mutter ist meine	______	S.___

★ Welches Substantiv darfst du mit **ch**, aber auch mit **sch** in der Wortmitte schreiben?

Bist du fit?

Ein neuer ___ üler

1 Marc besu ___ t heute seine neue ___ ule.
2 Er ist ___ on ganz aufgeregt und rennt von zu Hause los.
3 Frau Keller begrüßt ihn freundli ___ .
4 Zusammen besi ___ tigen beide das ___ ulgebäude, dann geht es zum Unterri ___ t.
5 Marc ist überra ___ t, wie herzli ___ ihn alle begrüßen.
6 Er wün ___ t si ___ ra ___ einen neuen Freund.

1 Entscheide, ob **ch** oder **sch**!
Setze ein!

2 Markiere im Text alle Verben!

3 Wähle die Verben mit **ch** und **sch**!
Vervollständige!

Verb mit ch: ______________________ Seite im Wörterbuch: _____

verwandte Wörter: ______________________

____

Verb mit ch: ______________________ Seite im Wörterbuch: _____

verwandte Wörter: ______________________

____

____

Verb mit sch: ______________________ Seite im Wörterbuch: _____

verwandte Wörter: ______________________

____

Verb mit sch: ______________________ Seite im Wörterbuch: _____

verwandte Wörter: ______________________

____

____

4 Schreibe die Sätze 1 und 3 im Präteritum auf!

Satz 1: ____

Satz 3: ____

5 Schreibe die Sätze im Perfekt!

Marc erzählt:

Ich __________ heute einen neuen Freund __________________.
finden

Felix __________ mich in der Hofpause freundlich __________________.
ansprechen

Wir __________ Tischtennis __________________.
spielen

Nach dem Unterricht __________ wir gemeinsam

nach Hause __________________.
gehen

Wir __________ uns für morgen __________________.
verabreden

6 Wofür würdest du dich entscheiden: Fußball oder Fahrrad?
Sammle Argumente und schreibe sie auf!

____

____

____

____

____

____

____

____

____

____

Im Herbst

Sachtexte

1 Markiere alle wichtigen Informationen im Text!
Vervollständige den Steckbrief!

Der Kuckuck

Der Kuckuck ist ein taubengroßer Vogel mit einem langen Schwanz. Er lebt vorwiegend am Waldrand und in Parks. Seine Nahrung besteht hauptsächlich aus Insekten und Käfern. Der Kuckuck legt seine Eier in fremde Nester. In der kalten Jahreszeit überwintert er in Afrika.

Aussehen:

____

Lebensraum:

____

Nahrung:

____

Besonderheit:

____

____

2 Schreibe zu den Stichwörtern einen zusammenhängenden Text!

Stichwortzettel:

Waldkauz

- *Wald und Park*
- *grau bis braun*
- *Gefieder gute Tarnung*
- *Mäuse, Frösche, Vögel*
- *nachtaktiver Vogel*
- *lautlos fliegen*
- *sehr gutes Gehör*

★ Schreibe zu einem Tier im Wald einen Stichwortzettel oder einen Steckbrief!

Zusammengesetzte Adjektive

1 Bilde zusammengesetzte Adjektive und schreibe sie untereinander!

grün **süß** **still** **schwarz** **blau** **gelb** **leicht** **rot**

2 Welche Bedeutung haben die Adjektive aus Aufgabe 1?
Schreibe daneben: zitronengelb – so gelb wie eine Zitrone.

3 Ordne die Adjektive richtig ein!

nasskalt • gelbgrün • blitzschnell • süßsauer • windstill • federleicht • eisigkalt • glasklar

Substantiv und Adjektiv **Adjektiv und Adjektiv**

4 Finde mindestens fünf weitere zusammengesetzte Adjektive!

★ Finde viele zusammengesetzte Farbadjektive!

Kreative Schreibformen

1 Wer schrieb welchen Text? Verbinde!

Felix:

Die Vögel fliegen:
Schwalbe, Kuckuck und Kranich.
Bald kommt der Winter.

Marc:

Der Herbst ist da.
Bunt sind schon die Wälder.
Die Blätter fallen herab.
Bunt sind schon die Wälder.
Nebelschwaden, grau und schwer,
ziehen am Himmel rings umher.
Bunt sind schon die Wälder.
Wir lassen Drachen steigen.

Selina:

Gelb
reife Sonnenblumen
sie leuchten golden
ich laufe durchs Feld
Herbst

RONDELL

HAIKU

ELFCHEN

2 Sammle Herbstwörter! Dichte und gestalte einen Text!

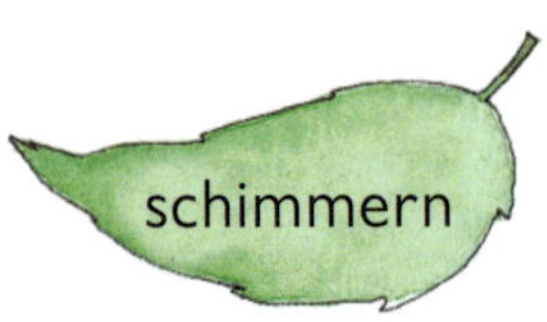

★ Schreibe ein Akrostichon über den Herbst!

Satzglieder

1 Bilde vollständige Sätze!

Subjekt	**Prädikat**	**Ergänzung**
die Kinder der Klasse 4 a	aufräumen	der Waldspielplatz
Felix und Selina	haben/mitbringen	Müllsäcke
Frau Keller	einteilen	Kinder in Gruppen
Marc	dürfen/helfen	der Forstarbeiter
die Kinder	aufsammeln	der Unrat/das Papier
alle	sollen/zuhören	der Kuckuck
Jonas	entdecken	der Kuckuck/der Baum

2 Markiere die mehrteiligen Prädikate im Satz!

3 Wie muss es richtig heißen? Setze das Substantiv **Eichhörnchen** mit seinem Artikel in der richtigen Form ein!

Die Kinder der Klasse 4 a beobachten ______________________.

______________________ springt flink von Baum zu Baum.

Der Schwanz ______________________ bewegt sich hin und her.

Gespannt sehen die Kinder ______________________ zu.

Das Nest ______________________ befindet sich oben in den Bäumen.

★ Verwende die Verben als Prädikate in Sätzen! herab-/hin-/auf- **fallen**

Doppelte Mitlaute

1 Überlege und streiche durch, wo kein doppelter Mitlaut stehen darf!
Schreibe die Substantive mit doppeltem Mitlaut darunter!

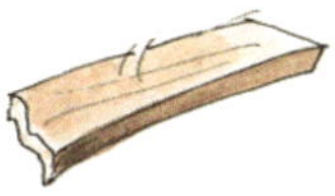   

2 Was können diese Tiere? Finde Verben mit doppeltem Mitlaut!

 *buddelt* ____________  ____________

 ____________  ____________

 ____________  ____________

 ____________  ____________

 ____________  ____________

 ____________ *und* ____________

Was machen alle? Sie ____________.

3 Vervollständige!
Beachte das schwarze Schaf in jeder Reihe!

tt: das We___er, die Bre___er, er kle___ert, wir rei___en
ff: die Wer___t, die Ho___nung, ich tre___e, die Wa___el
pp: die Pa___e, die Hu___e, wir kla___ern, do___elt so viel

★ Finde weitere Wörter mit drei gleichen Mitlauten:
das Betttuch, die Schifffahrt …

SF S. 22/23

Meine Wünsche und Träume

Traumland

1 Wo möchtest du gern leben? Markiere!

Marokko

Grönland

2 Sammle Argumente für und gegen deine Entscheidung!

für

gegen

3 Schreibe einen eigenen Text zu deinem Traumland!

★ Schreibe einen Urlaubsgruß aus deinem Traumland!

Verben im Futur

1 Setze die Verben im Futur richtig ein!

Am Sonntag ________ ich

in das Traumland ______________.

Meine Freunde ________ mich ______________.

Marc ________ die Kamera ______________.

Wir ________ gemeinsam

ein Tagebuch ______________.

„Ihr ________ viel ______________“, meint Opa.

„________ du uns eine Karte ______________?“

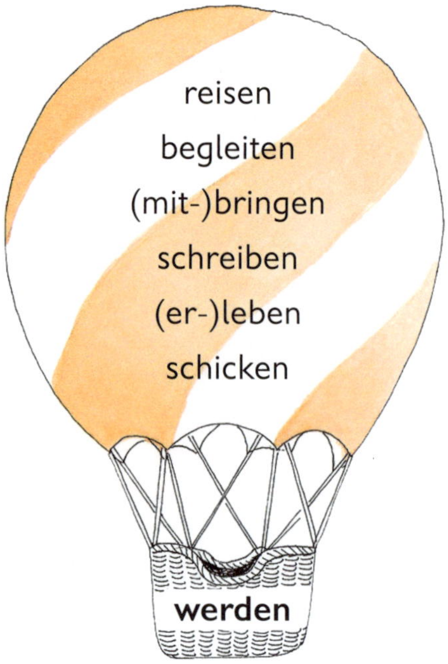

2 Übertrage die Sätze ins Futur!

Wir fuhren mit dem Ballon.

____

Der Wind treibt uns schnell voran.

____

Ich machte viele schöne Fotos.

____

Ihr wartet schon auf uns.

____

Wir erzählen von unserem aufregenden Erlebnis.

____

3 Streiche die Formen durch, die nicht im Futur stehen!

ich werde fahren	ihr fahrt ab	sie werden lesen	wir träumten
du hast gelacht	du wirst vorsingen	wir werden gehen	sie wird
er wird spielen	sie haben gelebt	ich bin gekommen	ihr werdet landen

★ Welcher der beiden Sätze steht im Futur? Begründe!

Ich werde Rennfahrer. Ich werde mit dem Fahrrad fahren.

SF S. 26

Mein Wunschberuf

1 Entnimm der Umfrage wichtige Informationen!

Wie viele Kinder nahmen an der Umfrage teil?

Wonach wurde gefragt?

Welcher Beruf ist der Favorit?

Umfrage: Wunschberuf
Klasse 4b
12 Mädchen und
10 Jungen

Friseur	𝍸
Polizist	||||
Model	|||
Lehrer	||
Pilot	𝍸 |||

2 Kannst du genau feststellen, was die Jungen werden wollen? Begründe deine Antwort!

3 Schreibe wichtige Stichpunkte auf, die deinem Wunschberuf entsprechen!

Ich werde später ____________ sein.

oder:

Feuerwehrmann

- *Feuer löschen*
- *Verletzte bergen*
- *Brände verhindern*
- *Menschen und Tiere retten*

★ Erfinde Traumberufe und stelle sie deinen Mitschülern vor!

Umlaute und Zwielaute

1 Bilde sinnvolle Wörter!
Ordne nach Wortarten und markiere den Zwielaut!

häu	Zei	träu	Räu	schrei	flei	Eu	teu	heu	mau	sau	Tau
ber	ro	chen	len	men	er	fig	ben	ßig	er	cher	ern

Substantive | **Verben** | **Adjektive**

2 Suche Wörter mit **Ai/ai**!

Hilfe findest du auch im Wörterbuch.

3 Schreibe so:

das Haus – die Häuser

der Bauch – ___

der Brauch – ___

___ – die Räume

___ – die Läuse

der Zaun – ___

___ – die Läufe

___ – die Träume

die Maus – ___

der Einkauf – ___

___ – die Sträucher

___ – die Schläuche

4 Entscheide: **Eu/eu** oder **Äu/äu**?

die sch___e___le, das kleine ___glein, die K___le schwingen, h___fig ins Kino gehen, seine Gedanken ___ßern, ein F___er löschen, n___e B___me pflanzen, der Kontinent ___ropa, M___se fressen Käse, die Str___cher verschneiden, eine große B___le am Kopf, einige ___ros sparen

★ Seltene Zwielaute sind **ao/oi/ou/ui**.
Finde Wörter, in denen diese vorkommen!

SF S.30

Wörter mit doppeltem Selbstlaut

1 Entschlüssle die Geheimschrift! Schreibe die Substantive mit dem Artikel auf!

⬠	⬦	△	⬯	□	▯	▽	◊	◇	⬡	◁	▭	▷
B	O	T	Z	E	R	D	S	M	A	H	W	P

△ □ □ ______ ⬠ ⬦ ⬦ △ ______ ◇ ⬦ ⬦ ◊ ______ ▷ ⬡ ⬡ ▯ ______

◁ ⬡ ⬡ ▯ ______ ⬯ ⬦ ⬦ ______ ◊ □ □ ______ ⬠ □ □ ▯ □ ______

2 Felix und Selina haben mit den Wörtern aus Aufgabe 1 kleine Texte geschrieben. Setze diese Wörter sinnvoll ein!

Das ______

Bei den Affen im ______ sah ein Mann eine Frau mit langem ______. Gemeinsam tranken beide ______ und aßen ______ mit Schlagsahne.

Der Ausflug

Ein ______ spazierte im Wald zum ______. Dort wollten beide mit dem ______ fahren. Sie liefen barfuß über das ______. Dann pflückten sie im Wald ______.

3 Verwende zwei Wörter mit doppeltem Selbstlaut! Schreibe eine eigene Übung!

______

______

______

______

★ Gestalte für deine Mitschüler Bilderrätsel!
Klee/Blatt

Bist du fit?

Unser Schulgarten im Herbst

Nach den Herbstferien wird der Schulgarten winterfest gemacht.
Viele Aufgaben werden auf die Klassen verteilt.
Die Schüler der 1. und 2. Klassen nehmen Kürbisse ab
und pflücken Äpfel.
Die Jungen der Klasse 3 ernten Kartoffeln.
Die Mädchen harken die rotbraunen und
gelbgrünen Herbstblätter zusammen.
Die Viertklässler werden die Beete umgraben
und die Gartengeräte blitzblank putzen.
Frau Keller schneidet die Brombeersträucher.
Nun kann das nasskalte Herbstwetter kommen.

1 Ordne jeweils zwei Wörter aus dem Text zu!
Unterstreiche die Besonderheit!

Wörter mit doppelten Mitlauten: ______________________

Wörter mit doppelten Selbstlauten: ______________________

Wörter mit Umlauten: ______________________

Wörter mit Zwielauten: ______________________

2 Schreibe die zusammengesetzten Adjektive
aus dem Text heraus!

____

____

3 Finde zwei weitere zusammengesetzte Adjektive, die zum Herbst passen!

____

4 Welche Bedeutung haben folgende zusammengesetzte Adjektive?

kristallklar – ______________________

schokoladenbraun – ______________________

eiskalt – ______________________

5 Bilde vollständige Sätze und kennzeichne die Prädikate!

	Subjekt	Prädikat	Ergänzung
1	die Mädchen der Klasse 4 a	aufräumen	der Geräteraum
2	Marc	helfen	der Hausmeister
3	eine Futterglocke	werden aufhängen	im Schulgarten

6 Setze Satz 2 aus Aufgabe 5 ins Futur!

7 Was schlägst du vor? Begründe deine Antwort in Sätzen!

Die Brüder-Grimm-Schule hat zum Herbstfest eine Spende von 500 Euro für den Schulhof bekommen. Alle Schüler dürfen Vorschläge machen.

Miteinander leben

Wir sind Freunde

1 Ersetze die durchgestrichenen Substantive durch passende Personalpronomen!

Selina ist meine Freundin. ~~Selina und ich~~ ____________ haben keine Geheimnisse voreinander. ~~Selina~~ ____________ hilft mir immer in Mathe, denn ~~Mathe~~ ____________ ist Selinas Lieblingsfach. Mein Bruder spielt manchmal mit uns beiden. ~~Mein Bruder~~ ____________ findet Selina auch toll. Bei Sportspielen wird ~~Selina~~ ____________ oft als Kapitän gewählt.

2 Wie sollte dein Freund oder deine Freundin sein? Schreibe eine Suchanzeige!

____________________ gesucht!

____

____

____

____

____

____

____

★ Schreibe ein Rätselröllchen über einen Mitschüler! Lass die anderen raten!

SF S. 34

Satzglieder

1 Ergänze!

Selina sitzt an dem Tisch und malt ____________ ____________.
(Wem?) (Was?)

Felix braucht ____________ und fährt deshalb in die Stadt.
(Was?)

Marc trifft ____________ und sie gehen gemeinsam zu dem neuen Bäcker.
(Wen?)

Fabian entdeckt ____________ auf dem Schulhof.
(Wen oder was?)

Anna und Uwe streiten sich ____________.
(Mit wem?)

Die Kinder in der Klasse zeigen ____________ ____________.
(Wem?) (Was?)

Frau Keller hilft ____________ und ____________ bei den Aufgaben.
(Wem?) (Wem?)

2 Schreibe fünf Sätze und verwende alle Satzglieder!

Subjekt	**Prädikat**	**Ergänzungen**
Wer? Was?	Wer macht? Was macht?	Wem? Wen? Was?

★ Bilde mit diesen Wörtern verschiedene Sätze!
Ein Satz soll eine Frage sein.

EIN MÄRCHEN • ANNA • IHR BRUDER • AM ABEND • VORLESEN

Eine Bildgeschichte

1 Sammle Wörter zu den Bildern!

2 Schreibe deine Bildgeschichte auf!

★ Erzähle eine Geschichte dazu!

Plötzlich bekam der Fußball Flügel und …

SF S. 38

Einen Text überarbeiten

1 Überarbeite den Erzähltext! Nutze für Veränderungen die freien Zeilen!

1 Ich war auf den Schulhof.

2 Dann sah ich meinen Freund Felix.

3 Dann rief ich laut meinen Freund Felix.

4 Dann ist Felix plötzlich gestolpert

5 Sein Ellenbogen blutet stark.

6 ich bringe Felix ins Klassenzimmer.

7 Frau Keller klebte ein pflaster auf der Wunde.

8 Hoffentlich heilt die Wunde balt.

★ Gestalte mit Freunden ein Lernplakat mit Tipps für die Textüberarbeitung!

Wörter mit ng/nk und pf

1 Welche Verben kannst du bilden?
Schreibe diese nach dem Alphabet geordnet auf!

ra wi za schli kli zwi se | ng nk | -en

2 Vervollständige die Wörterschlange
und setze Trennstriche zwischen den Wörtern!
Markiere Substantive blau, Verben rot und Adjektive grün!

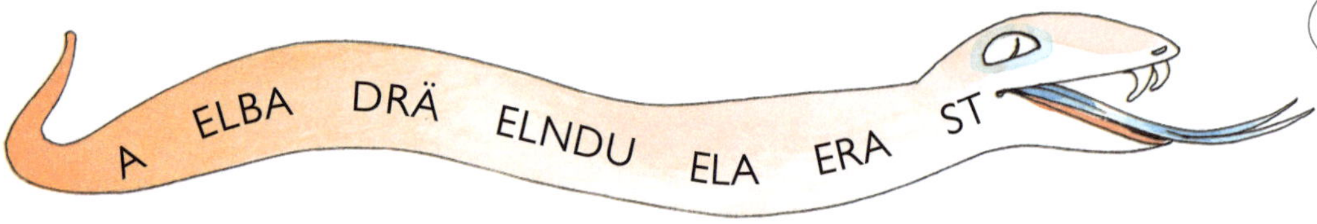

3 Schreibe nur die Substantive mit **Pf/pf** in der Einzahl und Mehrzahl auf!

 *der Tropfen – die Tropfen,* 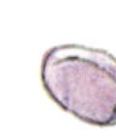

4 Markiere die Wortfamilien mit unterschiedlichen Farben!

der Kampf	pfeifen	er empfindet	sie empfing
er pfiff	empfinden	er empfängt	ihr kämpft
gepfiffen	empfangen	kampflos	die Pfeife
die Empfindung	kämpfen	der Empfang	empfindlich

★ Wähle eine Wortfamilie aus Aufgabe 4 und ergänze weitere Wörter!

SF S.40/41

Im Winter

Schneeballgedichte

1 Lies dir die Schneeballgedichte durch und schreibe eigene Schneebälle!

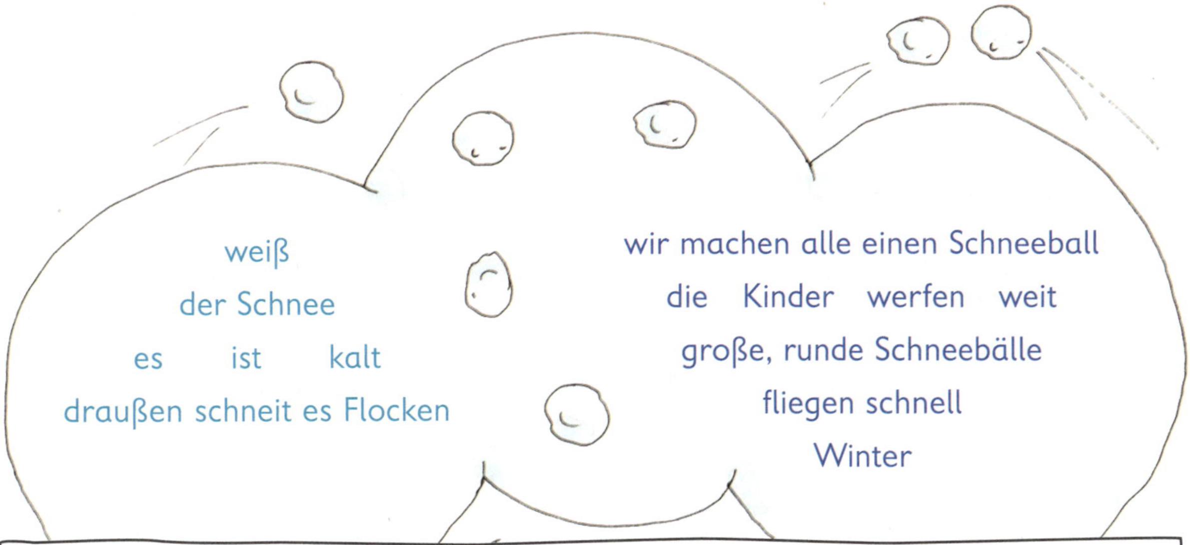

★ Suche dir ein Wintergedicht und stelle es den anderen vor!

Auf der Spur der Märchen

1 Welche Märchentitel gehören zusammen? Markiere diese farbig!

Der Froschkönig

Aschenputtel

Der Wolf und die sieben Geißlein

Rotkäppchen

Hans im Glück

Little Red Riding Hood

Hans in Luck

Cinderella

The Wolf and the seven little Kids

The Frog King

2 Lies und unterstreiche ungewöhnliche Formulierungen und Wörter!

Schneewittchen:

Über ein Jahr nahm sich der König eine andere Gemahlin.

„Schöne Ware feil, Schnürriemen in allen Farben!“

Brüder Grimm

Hänsel und Gretel:

Er hatte wenig zu beißen und zu brechen, und einmal als große Teuerung ins Land kam, konnte er auch das tägliche Brot nicht mehr schaffen.

Brüder Grimm

König Drosselbart:

„Ich arme Jungfer zart, ach hätt ich genommen den König Drosselbart.“

Der alte König aber, als er sah, dass seine Tochter alle Freier verschmähte, ward zornig.

Brüder Grimm

3 Erkunde, was die Aussagen in den Märchen bedeuten!
Wie würdest du es heute sagen? Schreibe es für eine Aussage auf!

★ Suche in deinem Lieblingsmärchen den schönsten Satz!
Begründe deine Auswahl!

SF S.44

Wer bin ich?

1 Schreibe die Märchentitel darunter! Markiere die Verben!

Um zwölf Uhr verlasse ich den Ball.
In der Eile verliere ich den Schuh.

Ich bin ein verzauberter Prinz.
Die Prinzessin wirft mich an die Wand und ich verwandle mich.

Ich trinke aus einem Brunnen und werde ein Reh.
Meine Schwester ist sehr traurig darüber.

2 Schreibe das erste Rätselröllchen im Perfekt auf!

3 Schreibe das zweite und dritte Rätselröllchen im Präteritum auf!

★ Schreibe das dritte Rätselröllchen noch einmal im Perfekt auf!

Aufzählungen und Bindewörter

1 Vervollständige die Aufzählungen!

Schneewittchen deckte für die Zwerge den Tisch.

Sie brauchte Teller, ______ ______

______ und ______.

Rotkäppchen besuchte die Großmutter.

Sie nahm ihr ______ ______

und ______ mit.

Wo stecke das siebente Geißlein?

Es war im ______ ______

oder ______.

Wer gehörte zu den Bremer Stadtmusikanten?

Es waren ein ______ ein ______

eine ______ und ein ______.

2 Verbinde die Sätze mit den Bindewörtern!
Verwende **weil**, **denn**, **damit** jeweils einmal!

Frau Holle schüttelt die Betten aus. Auf der Erde schneit es.

______

______

Rotkäppchen besucht seine Großmutter im Wald. Sie ist krank.

______

______

Der König lässt alle Spindeln verbrennen. Dornröschen soll sich nicht stechen.

______

______

______

★ Suche weitere Bindewörter und verwende diese in Märchensätzen!

SF S.46/47

Wörter mit st/sp und v

1 Vervollständige die Zusammensetzungen! In jedem Bestimmungswort steckt ein **St/st** oder **Sp/sp**.

die ______________________ suche 

die ______________________ schnuppe 

das ______________________ netz 

die ______________________ schrift 

das ______________________ brett 

der ______________________ stich 

die ______________________ puppe 

die ______________________ hose 

2 Markiere Verben und Adjektive mit st oder sp im Rätsel! Ordne dann!

K	O	S	T	E	N	J	P	S	T	U	M	P	F	S
L	I	S	T	I	G	S	P	R	I	N	G	E	N	P
F	S	T	O	L	Z	H	S	T	E	C	H	E	N	I
B	Ü	R	S	T	E	N	A	Y	S	T	E	I	L	T
S	T	A	U	B	I	G	R	O	S	T	E	N	H	Z

Verben (5):

____

____

Adjektive (6):

____

____

____

3 Ergänze **F/f** oder **V/v**!

Im Straßen ___ erkehr müssen wir mit dem ___ ahrrad ___ orsichtig ___ ahren.

Ich muss die ___ or ___ ahrtsregeln und ___ erkehrszeichen genau kennen.

Hier dür ___ en keine ___ ehler passieren.

Ich überprü ___ e ö ___ ter die ___ entile an den Rei ___ en.

Das ___ orderrad braucht etwas Lu ___ t.

★ Finde heraus, wie der Buchstabe **V/v** in den Fremdwörtern **Violine** und **Klavier** gesprochen wird! Suche weitere solche Wörter!

Bist du fit?

Tanz im Märchenwald

1 König Drosselbart hat zum Tanz geladen.
2 Alle sind aufgeregt, wer kommt mit wem?
3 Hänsel und Gretel haben sich mit Brüderchen und Schwesterchen verabredet.
4 Schneewittchen bringt die sieben Zwerge mit.
5 Sie sind seine besten Freunde.
6 Der gestiefelte Kater kam in einer goldenen Kutsche.
7 Am Abend wird ein großes Orchester zum Tanz spielen.

1 Unterstreiche die Verben im Präsens rot, im Präteritum blau, im Perfekt grün und im Futur gelb!

2 Vervollständige die Aufzählung!

Zum Tanz erschienen ______________________________

____

____

3 Setze **durch**, **auf**, **um**, **bei**, **aus**, **in** und **mit** ein!

Schneewittchen lebte __________ den sieben Zwergen.

Aschenputtel ging __________ den Ball.

Hänsel lief __________ Gretel __________ den Wald.

Die Dornenhecke wuchs __________ das Schloss herum.

Bei den Bremer Stadtmusikanten saß die Katze __________ dem Hund.

Der Frosch holte die goldene Kugel __________ dem Brunnen.

Ein Geißlein versteckte sich __________ dem Uhrenkasten.

Rotkäppchen ging __________ den Korb in den Wald.

4 Verbinde die Sätze 4 und 5 aus dem Text „Tanz im Märchenwald"!

____

____

5 Überarbeite den Brief der Zwerge an Schneewittchen!
Finde die passenden Personalpronomen!

Liebes Mädchen, ~~die Zwerge~~ ________________ waren über dein plötzliches Kommen überrascht. Nun freuen wir uns sehr. Wir sind schon zur Arbeit gegangen und wollten ~~Schneewittchen~~ ________________ nicht wecken. Die böse Königin wird nach ~~Schneewittchen~~ ________________ suchen. Lass ~~die böse Königin~~ ________________ nicht herein. Der Jäger ließ dich im Wald zurück. Aber ~~der Jäger~~ ________________ wird nicht helfen können.
Deine sieben Zwerge

6 Passt die Anrede im Brief?

☐ **ja** oder ☐ **nein** Vorschlag: ________________________________

7 Was bedeutet die Textstelle aus dem Märchen vom König Drosselbart?

> „Ich hab den Eid getan, dich dem ersten besten Bettelmann zu geben.
> Da hilft auch keine Einrede mehr."
>
> Brüder Grimm

____

____

____

8 Schreibe eine Suchanzeige zu einer verschwundenen Märchenfigur!

____

____

____

____

____

____

____

____

Von Tieren und Menschen

Informationen aus der Tierwelt

	afrikanischer Elefant	Flusspferd	Giraffe
Gewicht	m 4500–5500 kg	m 1300–3000 kg	m 800–1900 kg
	w 2700–3500 kg	w 1000–2500 kg	w 500–1200 kg
Geschwindigkeit	bis zu 40 km/h	bis zu 50 km/h	bis zu 60 km/h
Junge pro Wurf	1	1	1
Geburtsgewicht	90–135 kg	35–55 kg	95–100 kg
Verbreitung	Afrika	Afrika/Indien	Ost- und Südafrika

1 Wer bewegt sich am schnellsten?

1 ______ 2 ______ 3 ______

Wer hat das geringste Geburtsgewicht?

1 ______ 2 ______ 3 ______

2 Vergleiche das Gewicht der männlichen Tiere!
Verwende in deiner Antwort alle Steigerungsstufen des Adjektivs!

______

______

______

3 Vervollständige die Vergleiche!

Giraffen laufen ______ ______ Elefanten.

Der Elefantenbulle ist fast doppelt ______ ______ ______ die Elefantenkuh.

Werden Flusspferde ______ ______ Elefanten?

Ein Giraffenjunges wiegt etwa ______ ______ ______ ein Elefantenjunges.

★ Wie alt können die Tiere vom Informationsplakat werden?
Stelle Vergleiche dazu auf!

SF S.54

Informationen verarbeiten

1 Lies den Sachtext und markiere wichtige Informationen für den Steckbrief!

Gorillas

Gorillas leben im afrikanischen Regenwald. Sie sind die größten Menschenaffen und leben in Gruppen. Die männlichen Tiere wiegen bis zu 200 kg, die Weibchen ca. 70 kg. Gorillas fressen den ganzen Tag Wurzeln, Knollen, Blätter und Früchte. Pro Wurf bringt das Weibchen ein Junges zur Welt. Dieses wiegt etwa 2 kg. Mit drei Monaten können Gorillas krabbeln. Am liebsten reiten die Jungtiere auf dem Rücken der Mutter. Sie erreichen ein Alter von ungefähr 40 Jahren.

Steckbrief

____

Alter: ______________________________

Gewicht: ______________________________

____

Nahrung: ______________________________

____

____

____

Junge pro Wurf: ______________________________

Geburtsgewicht: ______________________________

Lebensraum: ______________________________

____

____

____

____

2 Prüfe die Aussagen mithilfe des Sachtextes! Kreuze an!

	wahr	falsch
Gorillas leben in Südasien.		
Sie sind die größten Menschenaffen.		
Sie sind Pflanzenfresser.		
Gorillas sind Einzelgänger.		
Die Jungtiere können mit einem Vierteljahr krabbeln.		

★ Suche Informationen über Paviane und präsentiere sie deinen Mitschülern!

SF S.55

Warum leben Tiere im Zoo?

1 Stimmst du den Aussagen der Kinder zu?
Begründe mindestens zwei deiner Entscheidungen!

ja ☐ ______________________
nein ☐ ______________________

ja ☐ ______________________
nein ☐ ______________________

ja ☐ ______________________
nein ☐ ______________________

ja ☐ ______________________
nein ☐ ______________________

2 Lies den kurzen Text!
Erkläre mit eigenen Worten, was artgerechte Haltung bedeutet.

Pongoland
Das Pongoland ist eine sehr naturnahe weitläufige Menschenaffenanlage. Es umfasst eine große Tropenhalle und fünf Außenanlagen mit üppiger Begrünung, Wasserfällen und vielfachem Baumbewuchs. Dort finden die Gorillas, Orang-Utans, Schimpansen und Bonobos zahlreiche Betätigungsmöglichkeiten.

★ In vielen Zoos kann man die Patenschaft für ein Tier übernehmen.
Begründe warum!

SF S.58/59

Wörter mit ss und ß

1 Kennzeichne den kurzen (.) und langen (_) Selbstlaut!
Schreibe die jeweils drei zusammengehörenden Verbformen heraus!

schließen gegossen ließ gelassen maß
essen geschlossen gießen lassen gegessen
goss aß gemessen schloss messen

____

2 Welche Substantive mit **s**, **ss** und **ß** kannst du bilden?
Die Buchstaben können beliebig oft verwendet werden.

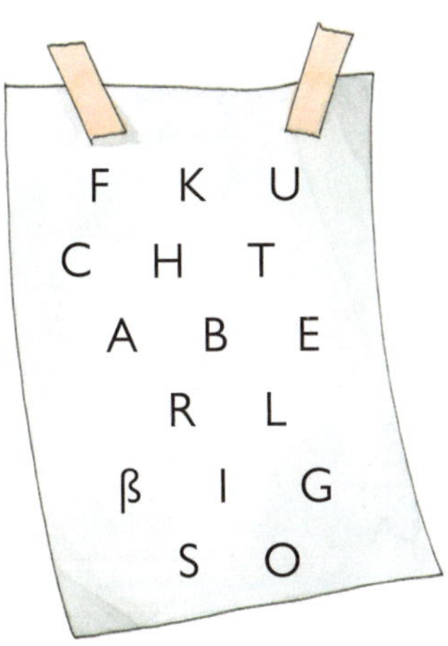

s: ______________________________

ss: Gasse, ______________________________

ß: ______________________________

3 Setze **s**, **ss** oder **ß** richtig ein! Kontrolliere mit dem Wörterbuch!

der Flei ___	(S.___)	das Geheimni ___	(S.___)	fre ___ en	(S.___)
bi ___ chen	(S.___)	das Ma ___	(S.___)	die Fa ___ er	(S.___)
der Bu ___	(S.___)	die Ga ___ e	(S.___)	drau ___ en	(S.___)
blo ___	(S.___)	der Ha ___ e	(S.___)	das Fa ___	(S.___)
das Wa ___ er	(S.___)	der Fu ___	(S.___)	der E ___ el	(S.___)

★ Suche Wörter, die in der Einzahl mit **s** und in der Mehrzahl mit **ss** geschrieben werden!

Kreuz und quer durch unser Land

Einige Bundesländer

1 Lies die Informationstafeln und ordne die Bundesländer zu!

2 Schreibe einen Text zu deinem Bundesland!

Magdeburg	Bundeshauptstadt	Erfurt
Harz	Spree	Rennsteig
1142 m Brocken	Brandenburger Tor	Wartburg
Hallorenkugeln	Fernsehturm	Johann Wolfgang von Goethe
______	______	______

Ich lebe im Bundesland ______

______

______

______

______

______

______

______

Dresden	Schwerin	Potsdam
Elbe	Müritz	Spreewald
1214 m Fichtelberg	Rügendamm	Schiffshebewerk Niederfinow
August der Starke	Teepott Warnemünde	Schloss Sanssouci
______	______	______

★ Schreibe zu Sehenswürdigkeiten Rätselröllchen!

SF S. 63

Mundarten

1 Welches Märchen wird in den drei verschiedenen Mundarten erzählt?

Sächsisch:
Da war aemal ae gleenes niedliches Mächen. Das grichte von seiner Grossemudder aenne feierrote Samtgabbe.

Platt:
Dor wir mal eins ein Fruu, du hadd ein luett Diern. Di'ss hadd uemmer so'ne rode Kappe up.

Berlinerisch:
Es war mal 'ne kleene süße Joere. Die lief imma mit 'ne rote Kappe rum.

____

2 Lies die Texte in Mundart noch einmal!
Schreibe einen der Mundarttexte in Hochdeutsch auf!

____

____

____

3 Welche Wörter gehören zusammen? Verbinde!

Jeschichte	sich komisch fühlen
Kauken	Geschichte
Dume	Kuchen
mulmich	verloren, kaputt
fuddsch	Daumen
nunner	Scheibe Brot
Bämme	runter

4 Was denkst du, bedeuten die folgenden Wörter? Schreibe es auf!

kleene Joere	Fruu	Wech
______________	______________	______________

★ Finde heraus, welche Mundarten es in deinem Bundesland gibt.

In der Stadt unterwegs

Rathaus – befindet – Marktplatz
Kirche – steht – zwei Denkmäler
Schlossgarten – liegt – Schloss
Fluss – fließt – Brücke
Heimatmuseum – Milchgasse
alte Kastanie – steht – Schule

1 Beschreibe die Lagebeziehungen vollständig im Satz!
Markiere die Ortsangabe wie im Beispiel! Wähle drei Orte aus!
Beispiel: Das Rathaus befindet sich auf dem Marktplatz.

2 Wie kommst du von der Schule zur Burg? Schreibe es auf!

geradeaus
in die … einbiegen
über … gehen
an … vorbeikommen
rechts/links halten
die … überqueren
führt durch …
hinter der Kreuzung

★ Stelle dein schönstes Gebäude aus deinem Heimatort vor!

SF S.66

Wörter mit b, d und g

1 Teste dein Wissen!

Übungswort	Was schreibe ich?	Was hilft mir?	Ich mache die Probe.
kräfti*g*	g oder k	K in Wortbausteine zerlegen S Verlängerungsprobe L Grundform suchen	*kräftige Arme*
es hu ___ t	b oder p	A in Wortbausteine zerlegen B Verlängerungsprobe C Grundform suchen	
en ___ los	d oder t	H in Wortbausteine zerlegen F Verlängerungsprobe L Grundform suchen	
der Urlau ___	b oder p	K in Wortbausteine zerlegen R Verlängerungsprobe X Grundform suchen	
es stin ___ t	g oder k	D in Wortbausteine zerlegen S Verlängerungsprobe E Grundform suchen	
der Fein ___	d oder t	F in Wortbausteine zerlegen I Verlängerungsprobe A Grundform suchen	
der We ___	g oder k	M in Wortbausteine zerlegen B Verlängerungsprobe G Grundform suchen	
sie blei ___ t	b oder p	K in Wortbausteine zerlegen S Verlängerungsprobe P Grundform suchen	
der Er ___ teil	d oder t	R in Wortbausteine zerlegen A Verlängerungsprobe M Grundform suchen	
ferti ___	g oder k	C in Wortbausteine zerlegen O Verlängerungsprobe F Grundform suchen	
das Ver ___	b oder p	M in Wortbausteine zerlegen F Verlängerungsprobe L Grundform suchen	
sie le ___ t	g oder k	J in Wortbausteine zerlegen H Verlängerungsprobe I Grundform suchen	

Lösungswort:

S ___ ___ ___ ___ ___ ___ ___ ___ ___ ___ ___

★ Verwende viele der Übungswörter in einem Würfeldiktat!

Bist du fit?

Zoo der Zukunft

1 Der Leipziger Zoo wurde am 9. Juni 1878 als kleiner Garten gegründet.

2 Der Gründungsvater Ernst Pinkert zeigte exotische Tiere.

3 Schnell erfreute sich der Zoo großer Beliebtheit.

4 Im Jahr 2000 begann die Umgestaltung in den „Zoo der Zukunft“.

5 So entstanden interessante und artgerechte Anlagen.

6 Das Pongoland ist mit 30 000 m^2 die weltgrößte Menschenaffenanlage.

7 Die 1000 m^2 große Löwensavanne „Makasi Simba“ wurde schon im Jahr 2002 eröffnet.

8 Die neue Tropenhalle Gondwanaland hat eine Fläche von 16 000 m^2.

1 Markiere alle Adjektive im Text!

2 Wähle je ein Adjektiv aus den Sätzen 1 und 3 und steigere sie!

3 Vergleiche die Größe der Zooanlagen im Satz!
Verwende in deiner Antwort alle Steigerungsstufen des Adjektivs!

4 Überprüfe die Aussagen mithilfe des Textes! Kreuze an!

	wahr	falsch
Der Leipziger Zoo wurde im Jahr 2000 gegründet.		
In der Anlage „Makasi Simba“ leben die Löwen.		
Gondwanaland ist eine Tropenhalle.		
Der Leipziger Zoo besitzt keine Affenanlage.		
Der Gründungsvater Ernst Pinkert zeigte einheimische Tiere.		
Im Zoo gibt es artgerechte Anlagen.		

5 Markiere die Regeln, die du im Zoo für besonders wichtig hältst!

Bitte auf dem Weg bleiben! Laut Schreien erlaubt!

Nichts ins Wasser werfen! Keine Elefanten mitnehmen!

Nicht über die Geländer steigen! Füttern verboten! Bitte nicht schreien!

Nicht an die Scheiben klopfen! Zootiere nicht an die Leine nehmen!

6 Suche zwei Regeln aus und begründe, warum diese für dich wichtig sind!

7 Beschreibe den Weg vom Haupteingang zur Löwensavanne „Makasi Simba“ zusammenhängend in Sätzen!

Seltsames und Interessantes

Was es alles gibt

Kinder der Klasse 4 haben Folgendes erforscht:

Die Chinesische Mauer mit einer Länge von 3 000 km ist sogar vom Mond aus sichtbar.

Auf einem Vulkan, der erst vor 10 Jahren ausbrach, wachsen nun schon wieder Pflanzen.

Eine Wasserspinne tankt Sauerstoff mit ihrem Hinterleib und ihren Hinterbeinen, die aus dem Wasser ragen.

Ein Wanderfalke kann 160 km/h schnell fliegen.

In Pisa steht ein schiefer Turm.

Das größte Säugetier in der Nähe der Antarktis war ein Blauwal, der 220 t wog und 27,6 m lang war.

1 Worüber hast du am meisten gestaunt?
Wähle vier Fakten aus und schreibe sie in der Ich-Form auf!

Ich habe gehört, ____________________

erfahren
staunen
wissen
lesen
hören
…

★ Erforsche, was es Seltsames und Interessantes in deiner Umgebung gibt!
Schreibe es auf Kärtchen und hänge sie im Klassenzimmer aus!

SF S. 73

Ein interessantes Gespräch

Anna befragt Gregor über Vulkane, weil der sich damit gut auskennt.

1 Anna fragt: „Was sind eigentlich Vulkane?“

2 Gregor erklärt dies so Vulkane sind Berge, die meistens ruhig und friedlich sind, aber plötzlich aktiv werden und dann Lava und Asche ausspucken.

3 Weiter möchte Anna wissen Was passiert bei einem Vulkanausbruch?

4 Gregor berichtet Vulkane sind eigentlich Löcher in der Erdkruste, aus denen geschmolzenes Gestein aus dem Erdinneren entweder ruhig oder mit einer Explosion herauskommt.

1 Lies den Text und unterstreiche die Begleitsätze blau und die wörtliche Rede rot!

2 Setze ab Satz 2 die Zeichen der wörtlichen Rede selbst ein!

3 Schreibe das Gespräch weiter!
Finde eigene Begleitsätze und setze die Zeichen der wörtlichen Rede!

Wo gibt es Vulkane?
Kannst du mir einen Vulkan in Europa nennen?
Gibt es auch in Deutschland Vulkane?

Zum Beispiel in Japan, Indonesien, Amerika oder in Europa.
Der Ätna liegt in Italien.
Ja, in der Eifel, aber die sind schon seit 10 000 Jahren nicht mehr aktiv.

★ Finde heraus, wie die Satzzeichen der wörtlichen Rede aussehen, wenn der Begleitsatz nach der wörtlichen Rede kommt!

Mehr von Pippi Langstrumpf

Am Nachmittag war ein Zirkus in die kleine Stadt gekommen.

Alle Kinder wollten in die Vorstellung gehen, auch Pippi und ihre Freunde.

Kurz darauf wurde sie von ihnen aus der Villa Kunterbunt abgeholt.

Pippi stand auf der Veranda, setzte ihren Hut auf, und los ging es zum Zirkus.

Schon lange vor der Vorstellung drängten sich die Leute am Zirkuszelt.

Auf der Tribüne saß die Musikkapelle. Jetzt galoppierten die Pferde in die Manege.

Das Programm dauerte mehrere Stunden. Auch Pippi hatte dort ihre Auftritte.

(nach Astrid Lindgren)

1 Frage nach den farbigen Orts- und Zeitangaben!
Schreibe das Fragewort darunter!

2 Ordne die Orts- oder Zeitangaben in die Tabelle!

Ortsangaben	Zeitangaben

★ Schreibe einen eigenen Satz zu Pippi Langstrumpf auf,
in dem mindestens eine Orts- und eine Zeitangabe vorkommen!

SF S. 74

Wörter mit und ohne h

1 Bilde einen möglichst langen Satz mit diesen Wörtern:
wohnen, Nähe, Mühle, ungefähr, Jahre, zehn, Lehrer!

2 Trage die Satzglieder deines Satzes in den Satzbauplan ein!

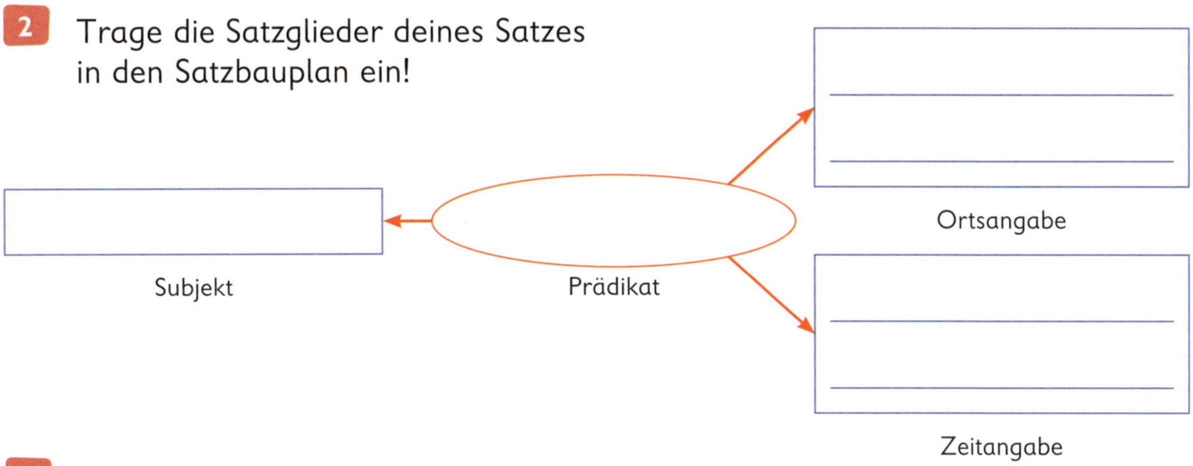

3 Stelle deinen Satz mehrfach um!

4 Markiere die zwölf Fehler! Berichtige!

Damahls mussten Handwerker ir Ränzlein schnühren und in die Welt hinaus ziehen. Ungefär ein Jar wahren sie unterwehgs. Wärend dieser Zeit meisterten sie nicht wenige Gefaren. Ihre Narung verdienten sie sich durch Arbeit, zum Beispiel halfen sie, das Mehl in einer Müle zu malen.

★ Suche verwandte Wörter zu den Verben „wohnen“ und „schonen“!

Im Frühling

Wir planen ein Frühlingsfest

Prädikat
- ankündigen
- möchten feiern
- planen
- vorschlagen

Zeit- oder Ortsangabe
- für die letzte Schulwoche
- im Klassenraum
- draußen
- am Freitag

Subjekt
- wir
- Frau Krüger
- die Kinder
- der Wetterbericht

Ergänzungen
- mit der Klasse
- Sonne und Regen
- ein Frühlingsfest
- mit allen
- das Buffet

1 Verwende alle Satzglieder in einem Text!

2 Formuliere zwei Sätze so um, dass sie jeweils einmal zu einem Fragesatz und einmal zu einem Aufforderungssatz werden!

★ Welches Satzglied fällt beim Aufforderungssatz weg?

SF S.82

Das Frühlingsfest

1 Stell dir vor, ihr plant ein Frühlingsfest! Notiere auf einem Stichwortzettel, was zu tun ist und wer es tun soll!

Frühlingsfest der Klasse 4

Was?	Wer?
Kinderbowle vorbereiten	

2 Sammle Wortgruppen für das Rezept!

3 Schreibe das Rezept auf! Verwende Aufforderungssätze!

★ Schreibe ein Frühlingsgedicht (Rondell, Elfchen, Haiku …)!

Das Schulfest fast verpasst!

1 Setze die Verben ins Präteritum!

Die Sonne ______________ schon, doch Anna ______________ noch fest.
scheinen schlafen

Ihre Mutter ______________: „Anna, aufstehen!“ Anna ______________ sich
rufen reiben

die Augen und ______________ schnell aus dem Bett. Dabei ______________
springen fallen

ihr Blick auf den Wecker. Anna ______________: „Schon 8 Uhr, die Vorbereitung
schreien

zum Frühlingsfest!“ Sie ______________ schnell ins Bad, ______________ sich,
laufen waschen

______________ ihre Haare und ______________ in ihre Hose. Das Frühstück
kämmen steigen

______________ schon bereit. Mutter ______________ ihr noch ein Brot.
stehen schmieren

Sie ______________ ihr noch ein Getränk mitzunehmen.
raten

Schnell ______________ Anna los und ______________ in die Schulstraße ab.
rennen biegen

Gerade noch rechtzeitig ______________ sie in der Klasse.
erscheinen

2 Markiere alle Verben mit **ie**!

3 Schreibe die markierten Verben jeweils in der Grundform, im Präteritum und im Perfekt auf!

scheinen – schien – hat geschienen, ______________________

____

____

____

____

____

____

★ Finde das Verb in Aufgabe 3, das im Präteritum anders gebildet wird als die übrigen! Was ist anders?

SF S.86

Wörter mit ie

1 Ersetze in jedem Kästchen die Zahl durch einen Buchstaben! Einige Buchstaben musst du selbst herausfinden.

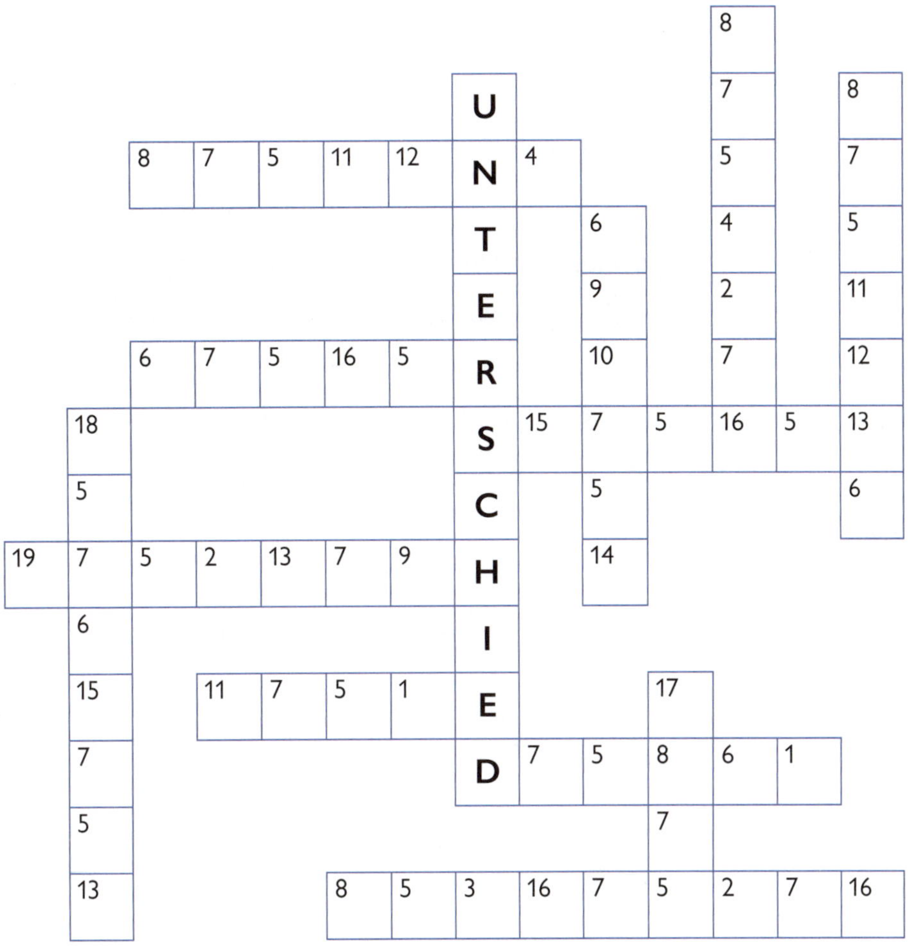

T	R	U	D	E	S	I	N	C	H
1	2	3	4	5	6	7	8	9	10
11	12	13	14	15	16	17	18	19	

Lösung: 12 13 13 5 6   17 13 12 2 ?

2 Schreibe alle Substantive mit Artikel und alle Adjektive nach dem Alphabet geordnet auf!

★ Schreibe zu den Substantiven Zusammensetzungen!

Bist du fit?

Der Ätna ist der größte Vulkan Europas und liegt auf Sizilien. Die aktuelle Höhe beträgt etwa 3 350 Meter und er hat rund 400 einzelne Krater. Im Laufe der Geschichte ist der Ätna schon über 100-mal ausgebrochen. Im Durchschnitt ist der Vulkan drei Monate im Jahr aktiv, was bedeutet, dass Lava fließt.

Wie viele andere Berge ist auch der Ätna das Ziel unzähliger Touristen. Man kann zum Beispiel mit einer Kabinenseilbahn von der Casa Cantoniera auf 2 920 Meter zum „Torre de Filosofo“ fahren. Von dieser Höhe an ist der Aufstieg bis zum Kraterrand nur in Begleitung von Bergführern erlaubt. Die beste Zeit für eine Besteigung des Ätna sind die Monate Mai bis Oktober. Im Winter tummeln sich auf den gut präparierten Pisten des Ätna die Skifahrer.

1 Unterstreiche die Ortsangaben im Text blau und die Zeitangaben grün!

2 Schreibe jeweils zu zwei Orts- und Zeitangaben die Frage auf! Verwende unterschiedliche Fragewörter!

3 Bilde einen Satz mit diesen Wörtern und schreibe ihn in den Satzbauplan!

Touristen, jedes, fahren, Seilbahn, mit, einer, unzählige, Jahr, Höhe, die, in

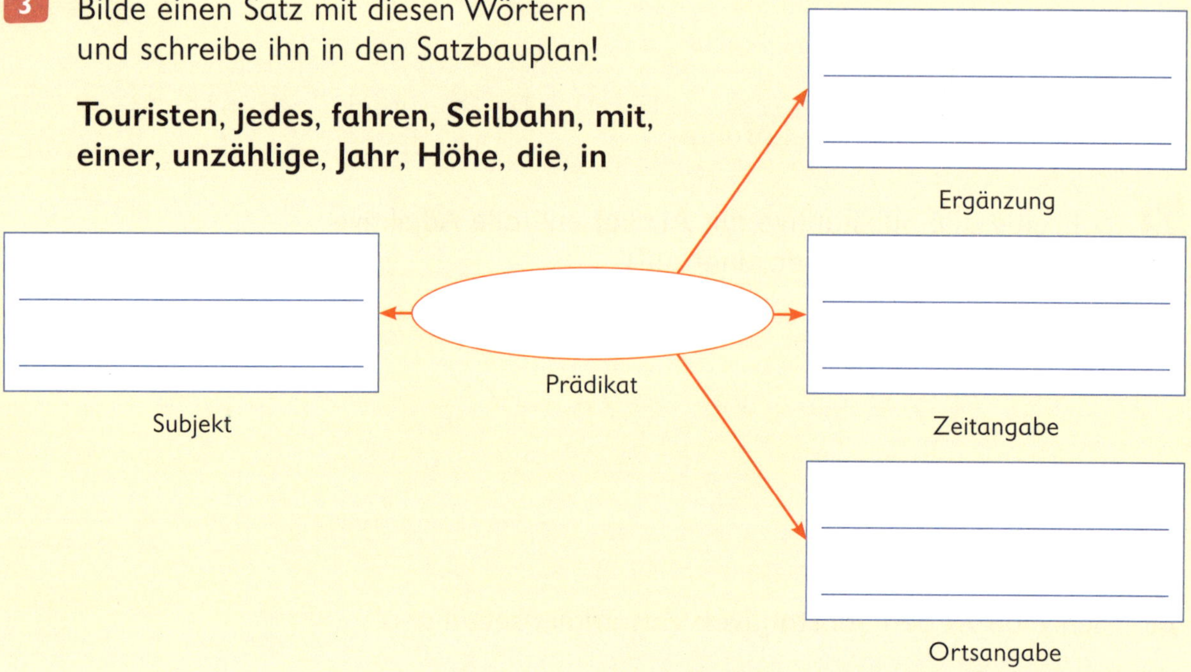

4 Stelle den Satz so um, dass eine Frage entsteht!

5 Erstelle Regeln für den Aufstieg zum Kraterrand mit einem Bergführer! Bilde Aufforderungssätze!

- nur vorgeschriebene Wege benutzen
- Anschluss halten und nicht zurückbleiben
- keinen Abfall in die Natur werfen

6 Stelle dir vor, du hättest während deines Urlaubs in Sizilien mit einem Einwohner der Insel gesprochen, der einen Vulkanausbruch miterlebt hat. Schreibe ein kurzes Gespräch in wörtlicher Rede auf! Diese Wörter könntest du verwenden:

Lava • glühende Asche • Rauchwolke über Insel • Flugverbot • Menschen fliehen aus Häusern • Polizei • Feuerwehr • große Hilfsbereitschaft • Tiere gerettet

Ich fragte: „Was passiert eigentlich bei einem Vulkanausbruch?"

Unsere Welt

Pluto nur noch ein Zwergplanet

1 Beantworte die Fragen zum Text! Antworte wie im Beispiel!

Pluto ist der äußerste Himmelskörper, der knapp 6 Milliarden Kilometer von der Sonne entfernt ist. Sein Dasein wurde bereits 1930 errechnet, bevor man ihn entdeckt hatte. Pluto benötigt 6,4 Erdentage, um sich einmal um sich selbst zu drehen. Ein Umlauf um die Sonne dauert 248 Jahre. Im Januar 2006 schickten die Amerikaner die Raumsonde „New Horizons" in Richtung Pluto. Sie braucht voraussichtlich neun Jahre, um dort anzukommen. Auf ihrem Flug wird sie am Jupiter vorbeikommen. Die Anziehungskraft des Jupiters wirkt sich auf die Geschwindigkeit der Raumsonde aus. So spart sie auf ihrer Reise zum Pluto drei Jahre ein. Im Sommer 2015 soll die Raumsonde „New Horizons" am Pluto ankommen.

Beispiel:
Wann wurde die Existenz von Pluto errechnet? bereits 1930

Wie lange benötigt Pluto, um sich einmal um sich selbst zu drehen?

___

Seit wann fliegt die Raumsonde „New Horizons" durchs All?

___

Wohin fliegt die Raumsonde?

___

Wie lange benötigt die Raumsonde für ihre Reise?

___

Wann soll die Raumsonde am Pluto ankommen?

___

2 Schreibe allgemeine Orts- und Zeitangaben auf!

nächstes Jahr,

★ Erforsche mehr über die Planeten! Präsentiere!

SF S. 90

Unser Sonnensystem

1 Kennzeichne die Satzglieder mit einem Schrägstrich!

Viel Interessantes kannst du in einem Planetarium erfahren.

1 Wir leben in einem Sonnensystem.

2 Im Weltall gibt es verschiedene Sonnensysteme.

3 Das Alter unseres Sonnensystems beträgt 4,5 Milliarden Jahre.

4 Acht Planeten umkreisen unsere Sonne.

5 Pluto zählt nicht zu diesen Planeten.

6 Seit ein paar Jahren verdankt Pluto Wissenschaftlern seine neue Bezeichnung.

7 Er ist ein Zwergplanet.

2 Trage die Wörter des zweiten und sechsten Satzes in die Satzbaupläne ein!

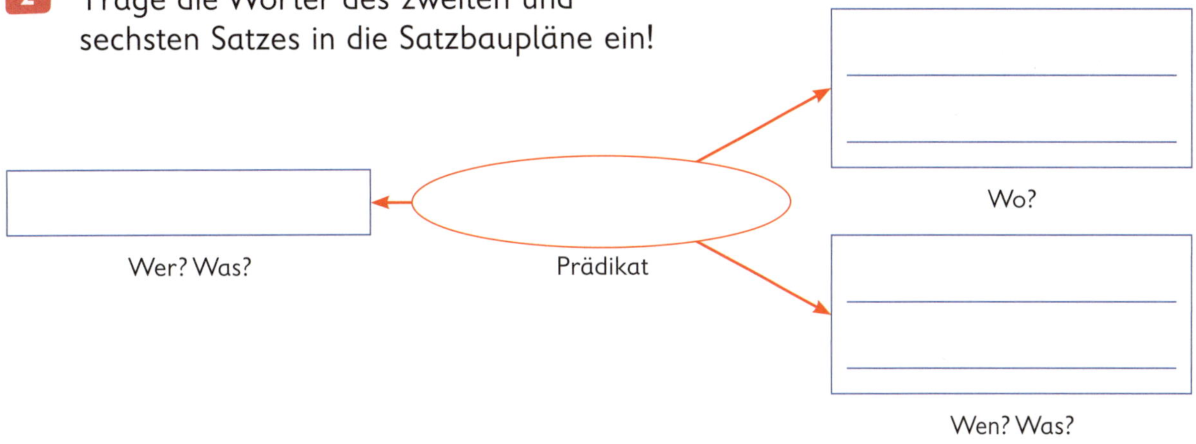

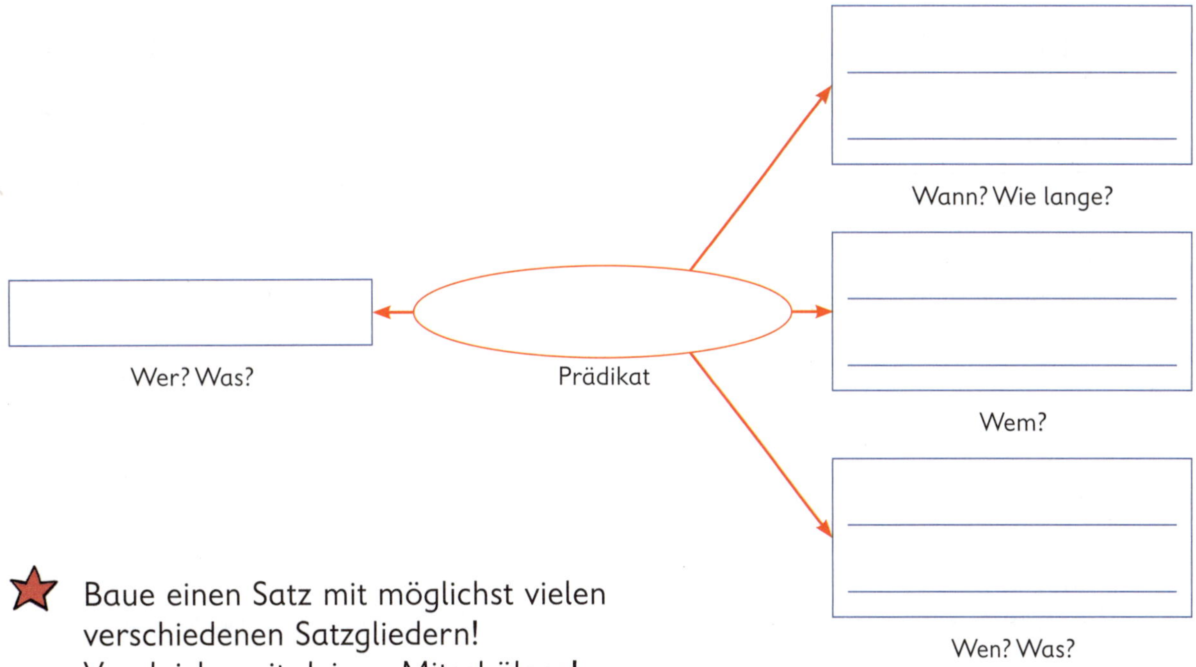

★ Baue einen Satz mit möglichst vielen verschiedenen Satzgliedern! Vergleiche mit deinen Mitschülern!

Besuch im Planetarium

1 Dem Leiter des Planetariums ist es gelungen, einen Astronauten zu einem Gespräch mit interessierten Schülern einzuladen.
Markiere die Satzglieder eines sinnvollen Satzes mit der gleichen Farbe.

Ein Raumanzug	sind eingebaut	bis zu 100 Kilogramm.
Wassergefüllte Röhren	ist	Kopfhörer und Mikro.
Das	wiegt	für 6 Stunden.
Darin	reicht	Sauerstoff und Wasser.
Auf seinem Rücken	befinden sich	das Schwitzen.
Im Helm	verhindern	die gefährlichen Strahlen.
Ein dunkles Visier	filtert	sein „Notfall-Päckchen“.

2 Wähle drei Sätze aus und schreibe sie auf!

3 Welche Fragen würdest du dem Astronauten stellen?
Schreibe deine Fragen auf!

★ Finde Antworten auf deine Fragen zu Aufgabe 3!
Gestalte ein Informationsplakat!

SF S. 91

Das Interview

1 Wie könnte das Interview von Seite 54 abgelaufen sein? Formuliere in wörtlicher Rede!

Ein Besucher fragte: „Ist so ein Raumanzug schwer?“
Der Astronaut erklärte: „So ein Anzug wiegt bis zu 100 Kilo.“
„Schwitzt man da nicht sehr schnell?“, wollte nun jemand wissen.

tz oder ck?

2 Setze im ersten Wort die fehlenden Buchstaben ein! Bilde dann Reimwörter!

bli ___ en – s ___ – schw ___
bli ___ en – ni ___ – stri ___
Stre ___ e – Schn ___ – H ___
Hi ___ e – Sp ___ – W ___

3 Trenne die Wörter!

Glück, verstecken, ticken, salzig, dreckig, verletzten, Rock, vortanzen, verschwitzt, blicken, stürzen, wecken, ersetzen, Schreck, gelockt

★ Schreibe den Satz auf und setze die Satzzeichen der wörtlichen Rede!

Die Schwerelosigkeit sagte ein Junge begeistert muss lustig sein

Mit Medien leben

Meine Schulzeit – Eine Zeitung entsteht

1 Sammle Stichwörter darüber, was in jedem Schuljahr das Wichtigste und Schönste war, und zu dem, an das du dich gern erinnerst!

Meine Grundschulzeit

2 Schreibe ein Akrostichon zu Dingen, die dich in deinem Grundschulleben begleitet haben!
Wählt besonders gelungene Akrosticha für eure Abschlusszeitung aus!

S ______

C ______

H ______

U ______

L ______

E ______

3 Überlege und schreibe die Sätze zu Ende!

Am liebsten saß ich neben ______,

weil ______

Der schönste Ausflug ______

Ich werde mich gern erinnern an ______

Der lustigste Streich war ______

★ Schreibe ein Akrostichon zu einem weiteren Begriff, wie z.B. Zuckertüte, Wandertag, Unterricht, Zeichnen!

SF S.99

Eine Zeitungsseite überarbeiten

Katja schreibt:

Der Bach
Am 19. Mai waren wir am Heubach. Über den Bach führte eine Eisenbahnbrücke. Unter der Brücke war ein Metallstuhl und hinter der Brücke waren Fische. Dann waren alle ganz nass. Dann hat Patricia einen Kescher gefunden. Dann hat sie den Kescher später verschenkt. Es hat uns allen Spaß gemacht. Wir wären am liebsten länger geblieben. Wir würden gerne mal wieder hin.

Niklas schreibt:

Ein Ausflug zum Bach
Am 19. Mai wanderten wir mit Keschern und Sieben zum Bach. Wir wollten Fische und andere Bachbewohner fangen und beobachten. Dann zogen wir uns Gummistiefel an. Es gab flache Stellen, in denen man gut stehen konnte. Eigentlich ging es ganz leicht, man musste einfach Steine hochheben und schnell mit dem Kescher oder dem Sieb drunter herziehen. Dann hatte man meistens etwas im Kescher. Wir haben die Tiere in einem Glas beobachtet und danach wieder in den Bach geschüttet.

1 Welcher Text gefällt dir besser und warum?

2 Verändere und überarbeite den anderen Text!

★ Schreibe ein Erlebnis von einem Wandertag für eure Zeitung!

Ein Unfallbericht für die Monatszeitung

Hendrik und Moritz unterhalten sich über einen Unfall.

H: Hast du den Unfall vor der Schule gesehen?

M: *Nein, ich bin die letzten Tage mit dem Schulbus gefahren.*

H: Na, der, der bei der Fahrradausbildung immer so schnell gefahren ist, ist ohne zu schauen mit seinem Rad aus der Schulausfahrt rausgefahren.

M: *Ich glaube, du meinst den Michi aus der 4 b.*

H: Genau. Ohne zu bremsen ist der an das rote Auto gefahren.

M: *Ist ihm was passiert?*

H: Ja. Der Krankenwagen musste kommen. Sein Arm ist bestimmt gebrochen.

M: *Und das Auto?*

H: Im Auto saß eine Familie, denen ist zum Glück nichts passiert.

M: *Und wann ist das nun genau passiert?*

H: Jetzt, wo du fragst, fällt es mir wieder ein. Es war am Mittwochmittag.

1 Lies das Gespräch genau! Hendrik will einen Bericht für die Schülerzeitung schreiben. Unterstreiche, was für den Bericht wichtig ist!

2 Finde eine Überschrift!

____

3 Achte auf die richtige Reihenfolge, schreibe in vollständigen Sätzen und im Präteritum!

____

____

____

____

____

____

____

____

★ Sammle Zeitungsberichte über Fahrradunfälle und besprecht, wie diese zu vermeiden gewesen wären!

SF S.101

Wortbausteine

1 Schreibe die Sätze so, dass die schräg gedruckten Wörter den Wortbaustein **-ung** erhalten!

In der ***Zeit*** steht viel über ***werben***.

Der Reporter schreibt eine kritische ***meinen*** und bekundet seine ***verwundern***.

Das neue Preisrätsel bietet viele ***überraschen***.

Ob der Leser die optische ***täuschen*** nur als ***einbilden*** erkennt?

Die ***beschreiben*** der ***wandern*** war sehr gelungen.

2 Verwandle die Wörter mithilfe von Wortbausteinen in Substantive!

schön • sicher • klug • wirklich • süß

3 Bei der Mehrzahl von Substantiven mit den Wortbausteinen **-in** und **-nis** wird der Mitlaut verdoppelt. Suche weitere Beispiele!

die Ärztin	die Ärztinnen
das Geheimnis	die Geheimnisse

★ Bilde mit WIRT und LAND und dem Wortbaustein **-schaft** zwei neue Wörter! Versuche ein neues Substantiv mit WIRT, LAND und **-schaft** zu finden!

Bist du fit?

1 Der Mond ist der einzige Himmelskörper, den Menschen betreten haben.
2 Zwischen 1969 und 1972 landeten insgesamt 12 Menschen auf dem Mond.
3 Der Mond ist ein „Wanderer des Himmels".
4 Seine Krater entstanden durch Einschlag anderer Himmelskörper.
5 Der Mond wendet der Erde immer die gleiche Seite zu.
6 Er dreht sich in 29,5 Tagen einmal um die Erde, aber auch einmal um sich selbst.

1 Frage nach einer Orts- und ~~drei~~ zwei Zeitangaben!

2 Verbinde die Sätze 3 und 6, indem du „weil" benutzt!

3 Bilde mit den Satzgliedern sinnvolle Sätze!

eine geringere Masse | der Mond | hat | als die Erde
ein Drittel ihres Erdgewichts | die Astronauten | auf dem Mond | wogen
konnten machen | weite Sprünge | sie | deshalb
keinen Wind und kein Wetter | auf dem Mond | es | gibt
müssen | die Astronauten | zum Überleben | mitnehmen | etwas

4 Markiere die Fehler im Text! Schreibe die Wörter richtig auf! Kontrolliere mit dem Wörterbuch!

Der Mond ist vor etwa 3,6 Milliarden Jahren entstanden.
Damals soll ein großer Himmelskörper seitlich auf die Erde gestürtzt sein.
Riesige Gesteinsbroken wurden aus der Erde gerissen.
Sie bildeten einen Ring um die Erde.
Die Teile schmoltzen sich in kurtzer Zeit zusammen und bildeten den Mond.

Wort	Seite im Wörterbuch	verwandtes Wort

5 Formuliere die folgenden Sätze in wörtlicher Rede mit einem Redebegleitsatz!

Die Kinder fragten, was die Astronauten bei einem Weltraumflug zu essen bekommen.

Die Astronauten antworten, dass sie vor allem Fertiggerichte, die mit etwas Wasser in der Mikrowelle zubereitet werden, mitnehmen.

6 Schreibe einen Artikel für die Schülerzeitung!
Wähle aus: Astronauten, Planeten, Weltraum, Sternwarte …

Für Krimiliebhaber und Gruselfans

Der Diebstahl

Nach der Hofpause hatte die Klasse 4 b im Computerraum Unterricht. Paula war vor den anderen am Raum, weil sie sich den Platz am Fenster sichern wollte. Frau Kiefer war auch schon da, als gerade ein Fremder mit einem Laptop hektisch aus dem Raum lief …

1 Kurz nach dem Diebstahl befragt ein Polizeibeamter alle Personen, die etwas gesehen haben.

Polizist: „Was haben Sie gesehen?"
Hausmeister: „Ein Mann hat sich mit dem Computer in der Hand durch die Haustür gezwängt. Hier hängt ein roter Wollfaden."
Paula: „Ich habe den Dieb fotografiert. Aber vor lauter Aufregung habe ich nur seine Hand mit einem schmalen Gegenstand auf dem Bild."
Frau Kiefer: „Er war ziemlich klein und hatte blaue Augen."
Schüler: „Der muss aber sehr schlecht sehen. Er hat den ältesten Laptop mitgenommen. Das verstehe ich nicht."

2 Lies die Aussagen! Betrachte die Bilder genau und trage einige wichtige Merkmale in die Tabellen ein!

Gesicht				braune Augen
Größe		klein		
Kleidung			buntes Hemd	
Besondere Merkmale	Brille		dick	

3 Beschreibe den Dieb!

____

____

____

____

★ Drücke mit Wasserfarbe einen Daumenabdruck von dir auf ein weißes Blatt und fertige einen kurzen Steckbrief über dich an!

SF S. 107–110

Auf Verbrecherjagd

1 Die Polizei hat einiges zu tun bei der Suche nach dem Computerdieb. Erkläre die Fachbegriffe!

Fingerabdruck

Vernehmung

Ermittlung

Protokoll

Phantombild

Zeuge

Alibi

2 Welches Wort passt nicht in die Reihe? Streiche es durch!

Uniform – Streifenwagen – Funkgerät – Martinshorn – Streifenhörnchen

Fingerabdruck – Beweisstück – Wasserpistole – Untersuchungshaft – Richter

Funkzentrale – Einsatzort – Zeugen – Zuschauer – Tathergang – Verhaftung

Computer – Phantombild – Bilderbuch – Fahndung – Hinweis – Belohnung

3 Sammle Verben zu dem, was ein Polizist alles tun muss!

★ Warum heißt der Streifenwagen so, obwohl er keine Streifen hat, und wie sieht er wirklich aus?

Ist das der Dieb aus der Schule?

1 Male das letzte Bild der Geschichte!

2 Schreibe den Krimi weiter!

3 Kreuze an, welche Überschrift du nehmen würdest!

☐ Ein leckeres Eis ☐ Der gestohlene Computer ☐ Eine Entdeckung

★ Suche nach Kinder-Krimis! Stelle einen vor!

SF S.111

Wörter mit chs, cks, ks, x

Abc **1** Suche die Wörter im Wörterbuch und trage sie richtig in die Tabelle ein!

A⬥e Kni▲ Ke■ Bo◆er lin■ Fu⬥
schla■ig He◆e Bü⬥e Kle▲ Ni◆e
Wa⬥ Kna▲ Te◆t

x ______________________ **chs** ______________________

cks ______________________ **ks** ______________________

2 Zu welchen Substantiven aus der Tabelle lassen sich Verben finden? Schreibe diese Verben auf!

____

3 Bilde viele Wörter mit dem Wortstamm **wechs-**!

____

4 Schreibe Tiere auf, die mit **chs** geschrieben werden!

____

5 Es gibt viele Vornamen mit **x**. Wie viele findest du? Schreibe sie auf!

____

★ Erkläre den Begriff *schlaksig*!

Im Sommer

Sommerwörter

1 Sammle Wörter, die für dich zum Sommer gehören!

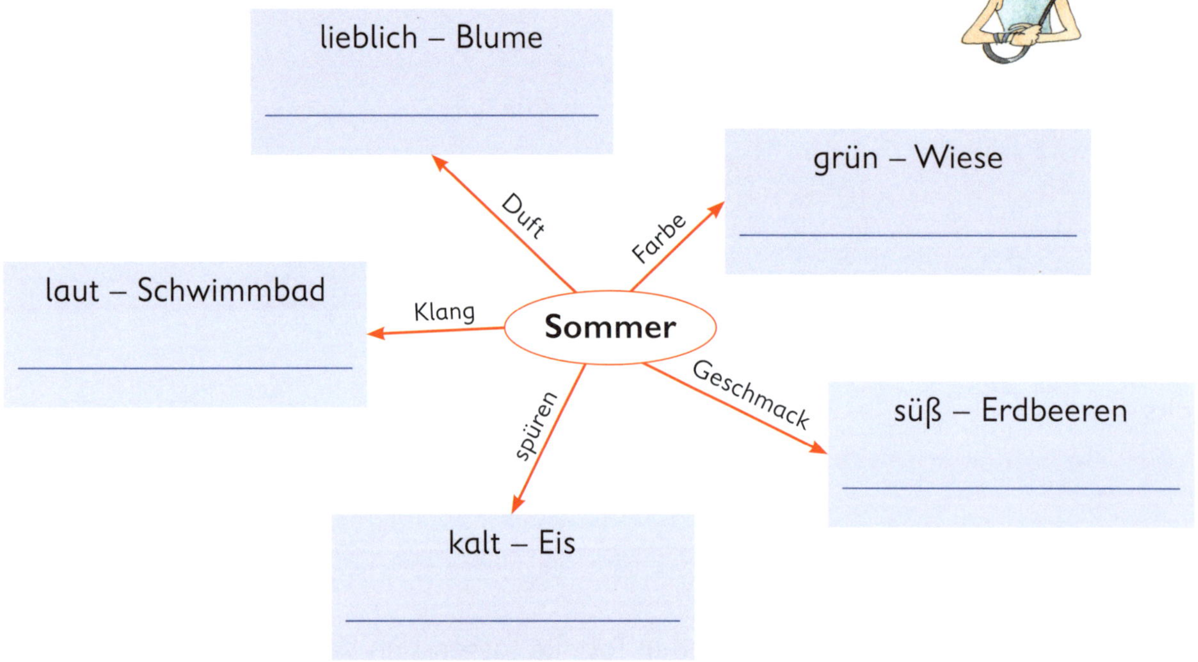

2 Schreibe einen Sommer-Stufentext!

Beispiel: *Erdbeeren*
Erdbeeren esse
Erdbeeren esse ich
Erdbeeren esse ich gern
Erdbeeren esse ich gern mit
Erdbeeren esse ich gern mit süßer
Schlagsahne.

★ Schreibe ein Sommer-Domino!

Sommer	rot	t...

SF S.117

Wetterregeln – Bauernregeln

1 Verbinde die Aussagesätze mit **weil**, **denn** oder **damit**!

Schon seit langer Zeit gibt es Wetterbeobachtung.
Das Wetter ist für die Menschen von großer Bedeutung.

Die Menschen machten ihre Beobachtungen in der Natur.
Für Bauern und Schäfer hing der Lebensunterhalt vom Wetter ab.

Die Wetterregeln wurden in Reimform gebracht.
Viele Menschen konnten nicht lesen und schreiben.

2 Vervollständige die Bauernregel!

Mai kühl und nass,
füllt dem Bauer Scheun und ________________.
Regnet's im Sommer kaum,
bleiben die Äpfel nicht am ________________.
Gibt's im August keine Garben,
wird man im Winter ________________. (Volksgut)

3 Erkläre mit eigenen Worten:

Weht im August der Wind aus Nord,
ziehen die Störche noch lange nicht fort. (Volksgut)

★ Suche Bauernregeln, die für den Siebenschläfertag gelten!

Fälle und Zeitformen

1 Setze die Substantive mit den richtigen Artikeln ein!

Am Nachmittag ruft Selina ____________________ an.
Freundin

____________________ verabreden sich, um gemeinsam zum Sommerfest
Kinder

auf die Festwiese zu gehen.

Vor dem Losgehen wünscht Mutti ____________________ viel Spaß.
Mädchen

Sie gibt ihnen noch den Teig für das Backen ____________________
Knüppelteig

über dem Feuer mit.

2 Frage nach den unterstrichenen Substantiven!

Auf der Festwiese spielen <u>viele Kinder</u>.

____

Die Stimmung <u>aller Besucher</u> ist richtig festlich.

____

Die Feuerwehr hat <u>dem Bürgermeister</u> die Erlaubnis zum Entzünden des Feuers gegeben.

____

____

Gemeinsam werden die Mädchen <u>den Knüppelteig</u> über dem Feuer backen.

____

3 Ergänze die Tabelle!

Perfekt	Präsens	Futur
	sie spielen	
	es ist	
sie hat gegeben		
		sie werden backen

★ Setze den Satz *Hast du den Teig selbst geknetet?* in die anderen Zeitformen!

Doppelte Mitlaute

1 Löse das Rätsel!

menschenähnliches Tier
wirft jeder bei Sonne auf den Boden
eine Jahreszeit
Regen, Blitz und Donner
ein Wochentag

2 Suche fünf Sommerwörter mit doppeltem Mitlaut!

3 Bilde Verben mit dem Wortbaustein **auf-**, die dann ein **ff** haben!

auffüllen,

4 Finde zu diesen Substantiven zweisilbige Verben mit doppeltem Mitlaut!
Schreibe sie so auf: *Schwimmbad, schwimmen, schwim-men*

Wettkampf

Füllstand

Sonntag

Sammlung

5 Berichtige!

die Spine webt, die Tauben guren, die glate Tafel, aber am Mitwoch komen, sich am Donerstag trefen

★ Schreibe jeweils einen Satz, der den Unterschied *Mann – man, denn – den, ist – isst* erkennen lässt!

Bist du fit?

Gespenstische Sommerferien

Selina, Peter und Marco haben ein Baumhaus gebaut. Zum Sonnenwendfest haben sie das erste Mal abends allein hoch oben in den Baumwipfeln geschlafen. Als alles ganz dunkel war, hörten sie auf dem Gartenweg Schritte, aber sie sahen niemand. „Ob es das Gespenst Hugo ist?“, fragte Peter Selina. Sie wollte mit ihrem neuen Fotoapparat das Geheimnis lüften. Sie überlegte sich, dass sie morgen eine Gespensterfalle bauen wird. Sie sagte: „Damit ich alles richtig mache, werde ich in die Bücherei gehen und ein Gespensterbuch ausleihen.“

1 Unterstreiche die Verbformen in der Gegenwart blau, der Vergangenheit grün und der Zukunft rot!

2 Wähle Verbformen aus dem Text aus und trage sie in die Tabelle ein! Ergänze die fehlenden Formen!

Präsens ____________________ **Präteritum** ____________________

____________________ ____________________

____________________ ____________________

____________________ ____________________

____________________ ____________________

Futur ____________________ **Perfekt** ____________________

____________________ ____________________

____________________ ____________________

____________________ ____________________

____________________ ____________________

3 Frage nach den markierten Satzgliedern!

____

____

____

4 Schreibe einen Satz in den Satzbauplan!

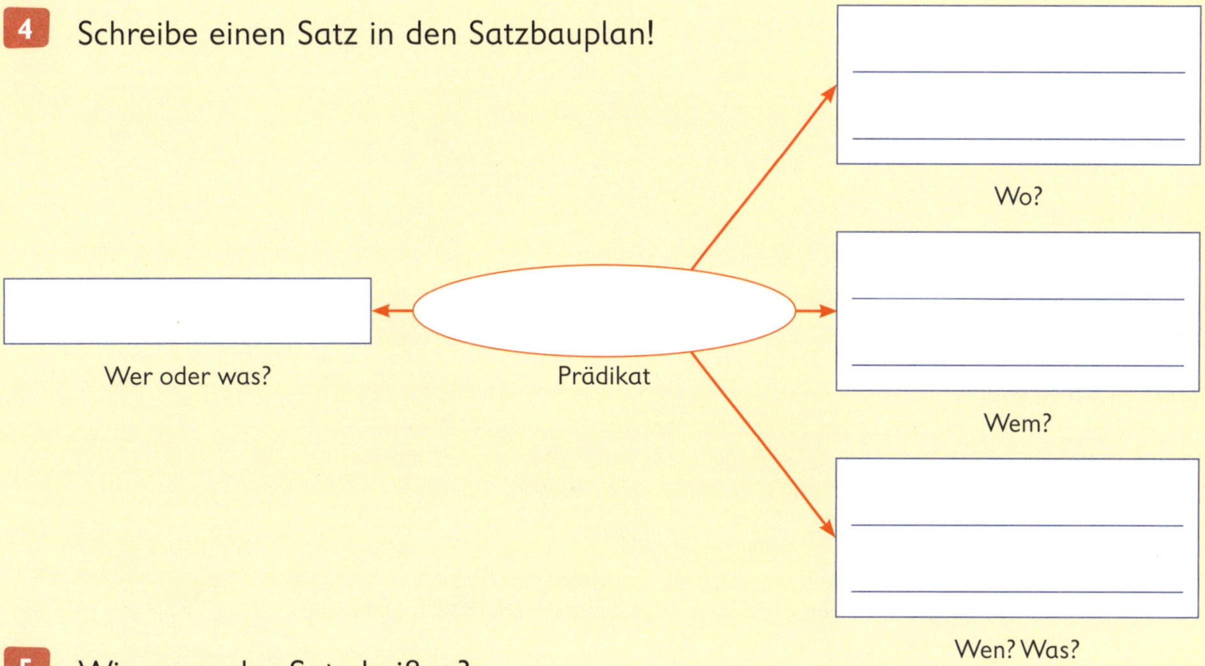

5 Wie muss der Satz heißen?
Schreibe ihn auf und markiere das Prädikat!

DASGESPENSTHEIRATETZWISCHENDENLETZTENGLOCKENTÖNEN.

6 In der Buchstabenfolge in Aufgabe 5 findest du verschiedene Verben. Welche?

7 Schreibe auf, wie Selina ihren Plan, eine Gespensterfalle zu bauen, umsetzt!

Sprachfreunde 4

Arbeitsheft
Ausgabe Süd

Erarbeitet von
Susanne Kelch, Andrea Knöfler, Heike Schindler, Heike Wessel

Unter Einbeziehung der Ausgabe von
Nina Bartonicek, Helen Fürniß, Beatrice Kasten, Christine Szelenko, Brigitte Wegener

Unter Beratung von
Simone Adler (Pirna), Christiane Blume (Torgelow), Dagmar Diewald (Altenburg), Colette Hoffmann (Magdeburg), Katrin Junghänel (Zwickau), Heike Keitel (Wittenberg), Sigrun Nowak (Hohen Neuendorf), Gerhild Schenk (Werneuchen)

Redaktion: Kirsten Pauli, Margit Engler, Gerhild Schenk
Illustration: Barbara Schumann, Uta Bettzieche (Hund und Detektiv)
Umschlaggestaltung: tritopp, Berlin; Barbara Schumann, Gerhard Medoch, Uta Bettzieche
Layout und technische Umsetzung: tritopp, Berlin

Quellen
Seite 26 und 31: Gebrüder Grimm: Kinder- und Hausmärchen. Druck und Verlag der Dieterichischen Buchhandlung, Göttingen 1843. Band 1

www.vwv.de

1. Auflage, 1. Druck 2011

Druck: Himmer AG, Augsburg

Arbeitsheft
ISBN 978-3-06-080970-7

Arbeitsheft + CD-ROM
ISBN 978-3-06-080973-8

Inhalt gedruckt auf säurefreiem Papier aus nachhaltiger Forstwirtschaft.

Liebe Lehrerinnen und Lehrer,

die bundesweiten Vergleichsarbeiten (VERA) zur Lernstandserhebung sind in der Grundschule mittlerweile zu einem festen Bestandteil geworden. Sie werden jährlich gegen Ende der dritten Klasse durchgeführt und sollen das Erreichen der Bildungsstandards überprüfen sowie Hinweise zur Verbesserung der Lernleistungen und für die Weiterentwicklung des Unterrichts geben. Dazu gehört auch die Verbesserung der Diagnosegenauigkeit.
Sich über einen längeren Zeitraum auf Aufgaben zu konzentrieren, ist für viele Schülerinnen und Schüler ungewohnt und anstrengend. Das gilt auch für die Erfahrung, unter Zeitdruck zahlreiche, zum Teil noch unbekannte Aufgabenformate ohne Hilfsmittel bearbeiten zu müssen.

Mit den vorliegenden Lernstandserhebungen möchten wir Ihre Schülerinnen und Schüler und Sie selbst unterstützen:

- Den Schülerinnen und Schülern sollen die Lernstandserhebungen helfen, sich mit sorgfältig ausgewählten Aufgaben, wie sie auch in den Vergleichsarbeiten verwendet werden, **auf die ungewohnte Testsituation vorzubereiten**. Möglicherweise vorhandene Ängste können so abgebaut und es kann Sicherheit gegenüber der zukünftigen Testsituation gewonnen werden.
- Bei Ihrer **täglichen förderdiagnostischen Arbeit** sollen die Lernstandserhebungen Sie unterstützen und dabei helfen, aktuelle Lernstände und vorhandene Kompetenzen Ihrer Schülerinnen und Schüler in den verschiedenen inhaltlichen Bereichen einzuschätzen und den individuellen förderdiagnostischen Bedarf zu ermitteln.

Die Aufgaben sind an den KMK Bildungsstandards sowie den Lehr- und Bildungsplänen der Bundesländer orientiert und fokussieren die dort beschriebenen Lernziele und zu erreichenden Kompetenzen.
Im **Auswertungsbogen** werden neben den **Aufgabenlösungen** das jeweilige **Niveau** der Aufgabe sowie die jeweils fokussierten **Fähigkeiten, Fertigkeiten und Kenntnisse** beschrieben, die zur Aufgabenbewältigung im Wesentlichen benötigt werden.
In Anlehnung an die drei in den KMK Bildungsstandards angeführten Anforderungsbereiche „Wiedergeben“, „Zusammenhänge herstellen“ sowie „Reflektieren und beurteilen“ (vgl. Bildungsstandards im Fach Deutsch für den Primarbereich, Beschluss vom 15. 10. 2004, S. 17) und die VERA-Fähigkeitsniveaus 1–3 (vgl. VERA, Hinweise zur Weiterarbeit, Erläuterungen zu den Deutschaufgaben 2009, S. 2) sind den Aufgaben der vorliegenden Lernstandserhebungen drei Niveaustufen zugeordnet, die entsprechend *grundlegende, erweiterte* und *fortgeschrittene* Fähigkeiten erfordern.

Niveau 1: „Wiedergeben“ → erfordert grundlegende Fähigkeiten
Das Lösen der Aufgabe erfordert die Wiedergabe bekannter Informationen und die Anwendung grundlegender Verfahren und Routinen.
Niveau 2: „Zusammenhänge herstellen“ → erfordert erweiterte Fähigkeiten
Das Lösen der Aufgabe erfordert das Erkennen von Zusammenhängen, das Verknüpfen von Informationen sowie das Anwenden erworbenen Wissens und bekannter Methoden.
Niveau 3: „Verallgemeinern, reflektieren und beurteilen“ → erfordert fortgeschrittene Fähigkeiten
Das Lösen der Aufgabe erfordert den Umgang auch mit neuen Sachverhalten und das Entwickeln eigenständiger Beurteilungs- und Lösungsansätze.

Der Auswertungsbogen der Lernstandserhebungen bietet darüber hinaus Platz für Ihre **Beobachtungen und Notizen** zur Einschätzung des jeweiligen Lernstandes des Kindes im Rahmen Ihrer förderdiagnostischen Arbeit.

Den Schülerinnen und Schülern ermöglicht ein einfaches Smiley-System auf den Testseiten die **Selbsteinschätzung** und schafft so eine Basis zur Reflexion des eigenen Lernstandes. Gemeinsam mit dem Kind können anschließend die Ergebnisse aus der Selbsteinschätzung und Ihre Einschätzungen aus dem Auswertungsbogen in einem förderdiagnostischen Gespräch zu einem Gesamtbild zusammengefügt und Lernziele sowie nächste Lernschritte vereinbart werden. Dabei kann es im Sinne einer dialogisch orientierten Förderdiagnostik sehr aufschlussreich sein, nach Lösungswegen und Erklärungen bei falsch gelösten Aufgaben zu fragen, um Einblicke in die Denkwege Ihrer Schülerinnen und Schüler bei der Lösung einer Aufgabe zu bekommen.

Die Lernstandsseiten erheben nicht den Anspruch, eine kontinuierliche Beobachtung und Dokumentation des Lernverlaufs sowie förderdiagnostische Maßnahmen zu ersetzen. Sie können aber einen wichtigen Beitrag zu Ihrer alltäglichen förderdiagnostischen Arbeit leisten.

Ihr Cornelsen Verlag

Erarbeitet von:	Rüdiger-Philipp Rackwitz
Redaktion:	Birgit Waberski
Illustrationen:	Gabriele Heinisch
Layout und technische Umsetzung:	Birgit Riemelt, Panketal

Liebe Schülerin, lieber Schüler,

mit diesen Aufgaben kannst du herausfinden, was du schon gut kannst und was du noch üben solltest.

Bearbeite die Aufgabenblätter so:

1. Schreibe deinen Namen und das Datum oben auf jedes Blatt.
2. Lies dir die Aufgabe in Ruhe durch.
3. Bearbeite die Aufgabe.
4. Wenn du bei einer Aufgabe nicht weiterkommst, mache bei der nächsten weiter und versuche es später noch einmal. Du kannst auch jemanden um Hilfe fragen.
5. Wenn du eine Aufgabe bearbeitet hast, kreuze an, wie leicht oder wie schwierig du sie findest:

   Diese Aufgabe
   ☺ kann ich gut lösen
   😐 kann ich nur zum Teil lösen
   ☹ kann ich gar nicht lösen

Es gibt verschiedene Aufgabenarten:

Bei manchen Aufgaben sollst du die richtige Antwort ankreuzen.

Beispiel: Was hängt in der Schule? Kreuze an.

☐ Waffel ☒ Tafel ☐ Tante

Meistens ist nur eine Antwort richtig. Wenn mehrere Antworten richtig sind, steht in der Aufgabe „Kreuze **alle** richtigen Antworten an".

Bei manchen Aufgaben sollst du etwas in einem Text **unterstreichen** oder ein falsches Wort **durchstreichen**.

Beispiele: <u>Wort</u> ~~Wort~~

Bei manchen Aufgaben sollst du die Antwort **aufschreiben**.
Bei Aufgaben mit einer kurzen Schreiblinie reicht es, ein oder zwei Wörter aufzuschreiben. Bei längeren Linien solltest du einen oder mehrere Sätze schreiben.

Viel Spaß und viel Erfolg!

Name: Datum:

Wie ist mein Ergebnis?

☺ 😐 ☹

1 Ordne die Wörter nach dem Alphabet und schreibe sie in der richtigen Reihenfolge auf.

Dachdecker	Stuhl	Bett	Stahl
Kurve	Freundin	Banane	Ball
Kiste	Freund	Salz	Dachfenster

☺ 😐 ☹

2 Schreibe die Sätze in der Vergangenheit (Präteritum) auf.

Max geht einkaufen.

Leonie hat Geburtstag.

Name: Datum:

Wie ist mein Ergebnis?

☺ 😐 ☹

3 Lies den Text und schreibe ihn mit richtiger Großschreibung und richtiger Kleinschreibung ab.

DER FELDHASE IST EIN PFLANZENFRESSER. ERST AM ABEND KOMMT ER AUS SEINEM NEST UND GEHT AUF NAHRUNGSSUCHE. ER FRISST RÜBEN, WURZELN, GETREIDE, ABER AUCH BAUMRINDE. DER FELDHASE GEHÖRT ZU DEN GEFÄHRDETEN TIERARTEN, DENN SEINE LEBENSRÄUME WERDEN DURCH DEN MENSCHEN IMMER WENIGER.

___

___

___

___

___

___

___

___

___

___

4 Unterstreiche in dem Text alle zusammengesetzten Substantive.

☺ 😐 ☹

Name: Datum:

Wie ist mein Ergebnis?

☺ 😐 ☹

5 Schreibe die Sätze ab. Ersetze dabei das Subjekt durch das passende Personalpronomen.

Die Ampel ist rot.

____

Das Haus steht auf einem Berg.

____

Sophie geht durch den Park.

____

☺ 😐 ☹

6 Bilde Substantive aus den Verben und Adjektiven.
Verwende dazu die Wortbausteine **-ung, -heit, -keit** und **-nis**.

gründlich Gründlichkeit

bedeuten ______________________________

schön ______________________________

erlauben ______________________________

gemein ______________________________

erholen ______________________________

geheim ______________________________

fähig ______________________________

Gut gemacht! Jetzt hast du alles geschafft!

Name: Datum:

Wie ist mein Ergebnis?

☺ 😐 ☹

1 Bilde mit den Satzgliedern Sätze und schreibe sie auf.
Beachte die Großschreibung und die Zeichensetzung.

in den Tierpark / machen / Melissa und Max / einen Ausflug

begleitet / sie / ihr Vater

mit der Straßenbahn / fahren / sie

Ezgi und Göksel / vor dem Eingang / sie / treffen

die Gorillas und Elefanten / sie / zusammen / besuchen

☺ 😐 ☹

2 Unterstreiche in deinen Sätzen das Subjekt blau
und das Prädikat rot.

Name: Datum:

Wie ist mein Ergebnis?

☺ 😐 ☹

3 Bilde die Personalformen zu den Grundformen.

Grundform	gehen	ziehen	drehen
ich			
du			
er, sie, es			
wir			
ihr			
sie			

☺ 😐 ☹

4 Schreibe die Sätze in der Zukunftsform auf.

Luca und Jarno besuchen Lilli.

Im Laden kaufen sie einen neuen Fußball.

Am Nachmittag fahren sie mit den Fahrrädern zum Fußballplatz.

Name: Datum:

Wie ist mein Ergebnis?

☺ 😐 ☹

5 Ergänze die weiblichen Formen. Schreibe in die Tabelle.

der Polizist	der Verkäufer	der Arzt	der Lehrer

weiblich Einzahl	**weiblich Mehrzahl**

6 Ergänze die Wortbausteine mit den Endungen **-isch, -ig, -lich** und schreibe die Adjektive auf.

☺ 😐 ☹

stürm- stürmisch

gift- __________

kom- __________

ärger- __________

richt- __________

regner- __________

wirk- __________

Gut gemacht! Jetzt hast du alles geschafft!

Name: Datum:

Wie ist mein Ergebnis?

☺ 😐 ☹

1 Bilde die Mehrzahl zu den Substantiven.
Schreibe sie mit ihrem Artikel auf.

Einzahl	Mehrzahl
die Verletzung	
das Hindernis	
die Entfernung	
das Zeugnis	
die Wohnung	
das Erlebnis	

☺ 😐 ☹

2 In jeder Zeile ist ein Wort falsch getrennt. Streiche es durch.
Schreibe das Wort richtig getrennt darunter.

Au-ge Nas-e Hän-de Bei-ne

Tast-a-tur Com-pu-ter Mo-ni-tor

ver-ges-sen aus-fü-llen an-zie-hen

Name: Datum:

Wie ist mein Ergebnis? ☺ 😐 ☹

3 Bilde zu jedem Verb ein Adjektiv mit der Endung **-bar**.
Ergänze die Sätze.

Die Straße kann wieder befahren werden.

Die Straße ist wieder befahrbar.

Das Rätsel kann gelöst werden.

Das Rätsel ist ______________________.

Wir können den Bus noch erreichen.

Der Bus ist noch ______________________.

Diesen Pilz darf man essen.

Dieser Pilz ist ______________________.

4 Schreibe die Wörter in die richtige Spalte.
Ergänze die fehlenden Wörter.

☺ 😐 ☹

am mutigsten   am dünnsten   hart   enger

schnell	schneller	am schnellsten

☺ kann ich gut lösen 😐 kann ich nur zum Teil lösen ☹ kann ich gar nicht lösen

Name: Datum:

Wie ist mein Ergebnis?

☺ 😐 ☹

5 **ss** oder **ß**? Schreibe in die Lücken.

grü____en	kü____en	mü____en	gie____en
drau____en	hä____lich	sü____lich	scheu____lich
Se____el	Spa____	Wi____en	Strau____

☺ 😐 ☹

6 Schreibe die Sätze mit nachgestelltem Begleitsatz auf.
Achte auf alle Satzzeichen und auf die Großschreibung und die Kleinschreibung.

Der Schaffner ruft: „Die Fahrkarten bitte!“

____

____

Steffen erzählt: „Gestern war ich im Schwimmbad.“

____

____

Lina fragt: „Hat jemand meinen Stift gesehen?“

____

____

Gut gemacht! Jetzt hast du alles geschafft.

Auswertungsbogen Lernstandserhebungen Deutsch Sprache, Klasse 4 Name: ____________ Klasse: ____

Lernstandserhebung 1 durchgeführt am ____________

Aufgabe	Niveau	Fähigkeiten, Fertigkeiten und Kenntnisse	Lösungen	Beobachtungen und Notizen
1	1	• Kenntnis des Alphabets • Wörter nach dem Alphabet sortieren • Sortierregeln kennen und anwenden	Ball, Banane, Bett, Dachdecker, Dachfenster, Freund, Freundin, Kiste, Kurve, Salz, Stahl, Stuhl	
2	2	• Zeitformen kennen • Personalform von starken (unregelmäßigen) Verben in der Vergangenheit bilden	Max ging einkaufen. Leonie hatte Geburtstag.	
3	2, 3	• Regeln für Groß- und Kleinschreibung kennen und anwenden • Wortarten bestimmen • Substantive kennen oder herleiten	Der Feldhase ist ein Pflanzenfresser. Erst am Abend kommt er aus seinem Nest und geht auf Nahrungssuche. Er frisst Rüben, Wurzeln, Getreide, aber auch Baumrinde. Der Feldhase gehört zu den gefährdeten Tierarten, denn seine Lebensräume werden durch den Menschen immer weniger.	
4	2	• Wortbildungsprozesse kennen	Feldhase, Pflanzenfresser, Nahrungssuche, Baumrinde, Feldhase, Tierarten, Lebensräume	
5	2	• Nach dem Subjekt fragen • Subjekt bestimmen • Personalpronomen kennen und dem Subjekt entsprechend einsetzen	Sie ist rot. Es steht auf einem Berg. Sie geht durch den Park.	
6	2, 3	• Prinzip der Wortfamilie und des Wortstammes kennen • Wortbildungsprozesse kennen	Bedeutung, Schönheit, Erlaubnis, Gemeinheit, Erholung, Geheimnis, Fähigkeit	

Niveaustufen: **1** = „Wiedergeben“ → erfordert grundlegende Fähigkeiten **2** = „Zusammenhänge herstellen“ → erfordert erweiterte Fähigkeiten **3** = „Verallgemeinern, reflektieren und beurteilen“ → erfordert fortgeschrittene Fähigkeiten

Auswertungsbogen Lernstandserhebungen Deutsch Sprache, Klasse 4 Name: ______ Klasse: ___

Lernstandserhebung 2 durchgeführt am ______

Aufgabe	Niveau	Fähigkeiten, Fertigkeiten und Kenntnisse	Lösungen	Beobachtungen und Notizen
1	3	• Satzglieder (Subjekt, Prädikat, Ergänzungen) in eine sinnvolle Reihenfolge bringen	Melissa und Max machen einen Ausflug in den Tierpark. Ihr Vater begleitet sie. Sie fahren mit der Straßenbahn. Vor dem Eingang treffen sie Ezgi und Göksel. *oder* Sie treffen Ezgi und Göksel vor dem Eingang. Zusammen besuchen sie die Gorillas und Elefanten. *oder* Sie besuchen zusammen die Gorillas und Elefanten.	
2	1, 2	• Nach dem Subjekt fragen • Subjekt bestimmen • Nach dem Prädikat fragen • Prädikat bestimmen	Melissa und Max machen einen Ausflug in den Tierpark. Ihr Vater begleitet sie. Sie fahren mit der Straßenbahn. Vor dem Eingang treffen sie Ezgi und Göksel. Zusammen besuchen sie die Gorillas und Elefanten.	

Niveaustufen: 1 = „Wiedergeben" → erfordert grundlegende Fähigkeiten 2 = „Zusammenhänge herstellen" → erfordert erweiterte Fähigkeiten 3 = „Verallgemeinern, reflektieren und beurteilen" → erfordert fortgeschrittene Fähigkeiten

Lernstandserhebung 2 durchgeführt am ____________

Aufgabe	Niveau	Fähigkeiten, Fertigkeiten und Kenntnisse	Lösungen	Beobachtungen und Notizen
3	2	• Personalform von Verben in Abhängigkeit von Personalpronomen bilden	ich gehe / ziehe / drehe du gehst / ziehst / drehst er, sie, es geht / zieht / dreht wir gehen / ziehen / drehen sie gehen / ziehen / drehen	
4	2	• Zeitformen kennen • Zukunftsform Futur I bilden	Luca und Jarno werden Lilli besuchen. Im Laden werden sie einen neuen Fußball kaufen. Am Nachmittag werden sie mit den Fahrrädern zum Fußballplatz fahren.	
5	2	• Wortbildungsprozesse kennen • weibliche Form Singular und Plural von Substantiven bilden	die Polizistin, die Polizistinnen die Verkäuferin, die Verkäuferinnen die Ärztin, die Ärztinnen die Lehrerin, die Lehrerinnen	
6	1, 2	• Adjektive bilden mit den Endungen -isch, -ig, -lich	giftig, komisch, ärgerlich, richtig, regnerisch, wirklich	

Niveaustufen: **1** = „Wiedergeben" → erfordert grundlegende Fähigkeiten **2** = „Zusammenhänge herstellen" → erfordert erweiterte Fähigkeiten **3** = „Verallgemeinern, reflektieren und beurteilen" → erfordert fortgeschrittene Fähigkeiten

Auswertungsbogen Lernstandserhebungen Deutsch Sprache, Klasse 4

Name: ____________ Klasse: ____

Lernstandserhebung 3 durchgeführt am ____________

Aufgabe	Niveau	Fähigkeiten, Fertigkeiten und Kenntnisse	Lösungen	Beobachtungen und Notizen
1	1	• Wortbildungsprozesse kennen • Mehrzahl von Substantiven mit den Endungen -ung und -nis bilden	die Verletzungen die Hindernisse die Entfernungen die Zeugnisse die Wohnungen die Erlebnisse	
2	2	• Regeln der Worttrennung kennen	Na-se Tas-ta-tur aus-fül-len	
3	2	• Wortbildungsprozesse kennen • aus Verben Adjektive mit der Endung -bar bilden	lösbar, erreichbar, essbar	
4	2, 3	• Steigerungsformen von Adjektiven kennen	mutig, mutiger, am mutigsten dünn, dünner, am dünnsten hart, härter, am härtesten eng, enger, am engsten	
5	2, 3	• lange und kurze Vokale unterscheiden • Markierung von Lang-/Kurzvokal bei Wörtern mit ss und ß • Wörter und Wortbedeutungen kennen	grüßen, küssen, müssen, gießen draußen, hässlich, süßlich, scheußlich Sessel, Spaß, Wissen, Strauß	
6	2, 3	• Wörtliche Rede mit nachgestelltem Begleitsatz bilden können • Zeichensetzung bei nachgestelltem Begleitsatz kennen	„Die Fahrkarten bitte!“, ruft der Schaffner. „Gestern war ich im Schwimmbad“, erzählt Steffen. „Hat jemand meinen Stift gesehen?“, fragt Lina.	

Niveaustufen: **1** = „Wiedergeben“ → erfordert grundlegende Fähigkeiten **2** = „Zusammenhänge herstellen“ → erfordert erweiterte Fähigkeiten **3** = „Verallgemeinern, reflektieren und beurteilen“ → erfordert fortgeschrittene Fähigkeiten